Kontakte zu Naturgeistern

Frater Devachan

Kontakte zu Naturgeistern

ESOTERISCHER VERLAG

Eine Haftung des Autors bzw. der Verlage und seiner Beauftragten für Personen-, Sach- oder Vermögensschäden bei der Ausführung, zitierter folkloristischer und/oder alchemistischer Rituale ist ausgeschlossen

Neuauflage 2021
veröffentlicht bei Esoterischer Verlag,
eine Marke der Sentovision GmbH, Basel

www.esoterischer-verlag.de

Gesamtherstellung, Gestaltung: FontFront.com, Roßdorf
Printed in EU

ISBN: 978-3-932928-09-3

Bibliografische Information der Deutschen Bibliothek
Die Deutsche Bibliothek verzeichnet diese Publikation in der deutschen Nationalbibliographie; detaillierte bibliografische Daten sind im Internet unter http://dnb.ddb.de abrufbar.

Inhaltsverzeichnis

Vorwort

Über die verschiedenen Elementarwesen wie Gnomen, Zwerge, Heinzelmännchen, Faune, Kobolde, Nixen, Wassermänner, Undinen, Sylphen, Sturm- und Feuergeister ist schon viel berichtet und geschrieben worden. Nahezu jedermann kennt sie aus Märchen und Sagen und immer mehr Menschen hören und lesen von ihnen aus esoterischen Büchern und Schriften. Doch trotz der Fülle an Material wußten diese Wesen ihr Geheimnis zu bewahren und blieben vor den Augen der Unberufenen verborgen. Das vorliegende Buch wendet sich an die kleine Gruppe von Menschen und Freunde dieser unsichtbaren Helferlein, die sich ihnen nicht nur aus reiner Neugierde, sondern aus innerer Berufung nähern wollen. Es ist für den hart an sich arbeitenden Freund der Magie geschrieben und setzt einiges an Vorwissen und Kenntnissen der praktischen Magie voraus. Es wurde aus besonders gehütetem Erfahrungswissen magischer Geheimlogen zusammengestellt und die Zeit erscheint reif, es zu veröffentlichen. Einerseits können Sensationshungrige mit ihm wenig anfangen, andererseits soll es dabei helfen, den Zauber der Feen, Elfen und Wichtelmänner lebendig zu erhalten und in unser aller Leben zu integrieren.

Frater Devachan

Die Evolution der Zwischenwesen

Nach der esoterischen Lehre erfolgt die Entwicklung des menschlichen Ego in der Kette seiner Inkarnationen auf allen Planeten unseres Sonnensystems. Der gleichen Gesetzmäßigkeit ist auch die Tierwelt unterworfen, obgleich hier andere Gesichtspunkte maßgebend sind, denn die Tiere unterliegen in ihrer Evolution nicht dem Karma-Gesetz. Dagegen benötigt die gesamte Evolution des Menschengeschlechts zur vollkommenen Absolvierung des Inkarnationsgesetzes nach der esoterischen Geheimlehre 49 Inkarnationen.

Der Planet Erde ist nach der Zahlenreihe des Goldenen Schnittes der Brenn- und Mittelpunkt der Planetenkette. Das Endziel der menschlichen Entwicklung ist die vollständige Abtragung des Karmas nach dem Gesetz von Schuld und Sühne. Es sind daher die Inkarnationen des menschlichen Egos auf dieser Erde die schwerste Aufgabe, denn der Aufenthalt in den verschiedenen Sphären der Erde bedeutet immer eine Strafe für das betreffende Ego. Deshalb wird die Erde in der Mystik und in der Religion oft und berechtigt als Hölle bezeichnet. Dagegen gelten die Planeten Venus und Merkur im Sinne einer esoterisch-kosmosophischen Betrachtung als bereits erlöste Planetenwesenheiten.

Die Geheimlehre sagt aber auch, daß die Planetenkette als Basis zur Weiterentwicklung anderer Wesenheiten dient, vor allem der Entwicklung der Zwischenwesen, die zwar parallel zu der Menschheitsentwicklung läuft, aber grundsätzlich nichts mit ihr zu tun hat. Deshalb liegen die Entwicklungsstadien der Zwischenwesen in der Erdaura vor allem in der Sphäre von Kama-Loka, der Astralebene. Grundsätzlich richtet sich die Manifestation der verschiedenen Arten der Naturwesen nach ihrem planetarischen Ursprung.

Für alle Zwischenwesen und Naturgeister ist der Planet Erde nur Durchgangsstation zu einem anderen bereits erlösten Planeten. Für sie ist die Erde nicht als Hölle zu bezeichnen, da sie nicht mit Karma belastet sind. Ihr Aufenthalt auf der Erde ist nicht nach menschlichen Maßstäben zu beurteilen, ebenso wenig wie Ihre Lebensdauer.

Die Geheimwissenschaft gibt folgende Klassifizierung der Zwischenwesen: Der Ursprung der Zwerge, Gnomen, Wichtelmänner, Kobolde, Heinzelmänner, Trolle und sämtlicher Berg- und Erdgeister liegt im Planeten Saturn. Ihre Aufenthaltssphäre auf der Erde ist daher immer die dichteste irdische Materie. Man findet sie in Höhlen, im Gestein und Felsen, in Schluchten und Abgründen, in Bergwerken und in verfallenen Gemäuern. Sie sind dem Menschengeschlecht am meisten verbunden, wenn auch nicht immer im guten und wohlwollenden Sinn, wie es uns ja aus unserem Märchenschatz bekannt ist und aus den naturmagischen Bräuchen der primitiven Völker. Die Märchen und Sagen aller Völker der Erde sind meist nur verhüllte Wahrheiten eines uralten magischen Brauchtums.

Zu Kindern verhalten sich diese Zwischenwesen meist wohlwollend und freundlich. Die ihnen nach der magischen Lehre zugeteilten Tiere sind alle Höhlenbewohner, vor allem Kröten, Molche und sonstige unterirdisch lebende Tierarten. Sie lieben die Einsamkeit und sind vor allem in einsamen und abgelegenen Orten und Gebirgsgegenden anzutreffen. Ihre Manifestationsmöglichkeit ist immer an die irdische Ebene gebunden.

Die Nixen, Wassermänner, Fluß- und Meergeister, die Undinen und Klabautermänner, die Brunnengeister, Moorhexen und alle anderen mit dem Wasser verbundenen Zwischenwesen haben ihren Ursprung auf dem Planeten Jupiter. Sie sind in ihrer Wesensart mit den Menschen meist nicht im guten Sinne verbunden.

Ihnen zugeordnet sind alle Wassertiere und ihr Aufenthaltsort ist an Gewässer gebunden, besonders an einsame Seen, Moore, Teiche und Flüsse. Ihre Verkörperung erfolgt in der mittleren vierten Unterregion der Astralebene.

Überreste der Bewohner des untergegangenen Planeten zwischen Mars und Jupiter, der heutigen Asteroiden, sind die Luftgeister. Sie sind nicht mehr grob materialisationsfähig und bedienen sich zur Sichtbarwerdung nicht mehr der menschlichen Gestaltungsform. Ihr Reich ist das luftige nicht sichtbare Element. Sie beherrschen die Winde und den Sturm. Auch in der Magie werden die Luftgeister oft zur Erleichterung von erwünschten Manifestationen beschworen. Sie sind nicht immer als bösartig zu bezeichnen, sondern sind sehr anpassungsfähig und können im guten, aber auch im zerstörenden Sinne wirken. Mit der Erde selbst sind sie nur wenig verbunden, den ihr entsprechender sphärischer Aufenthaltsort ist die siebte Mentalebene, und die Zielrichtung ihrer Entwicklung liegt im Planeten Merkur. Ihnen zugeteilt sind nach der magischen Entsprechung unter der Tierwelt die Vögel und alle fliegenden Insekten.

Den Mars als Ursprungsort haben alle mit dem Feuer verbundenen Zwischenwesen, also die Feuergeister und Salamander (alchimistische Bezeichnung). Sie sind der Menschheit feindlich gesinnt und entsprechen den dämonischen Gewalten der Marssphäre. Sie manifestieren sich in der untersten Astralebene und sind ihren Instinkten nach an Blut, Mord, Krieg und Haß gebunden. Ihnen sind alle giftigen Tier zugeteilt, wie Skorpione, Schlangen, alle Raubtiere, besonders solche der Wüstengegenden auf der Erde.

Gewissermaßen als Rückstände des erlösten Planeten Venus bilden sich in der untersten Mentalebene – in Rupa - die zahlreichen Baumwesen, die Elfen, Blumengeister und sonstigen Pflanzenwesen, deren Ausstrahlungen und Manifestationen besonders von Kindern empfunden und bemerkt werden können. Ihrer inneren Struktur nach sind die der Menschheit freundlich gesinnt und befinden sich bereits in einem fortgeschrittenen Zustand ihrer Evolution.

Die praktische Magie lehrt, daß die Sphäre des Mondes allen Zwischenwesen eine günstige Manifestationsmöglichkeit bietet, außer den Luftgeistern, die davon unabhängig sind. Deshalb basieren die magischen Beschwörungen auf dieser Erkenntnis, da der Mond der Transformator sämtlicher Sphären auf den irdischen Plan ist.

Die Magie lehrt auch, daß der Übergang von Zwischenwesen in die ihnen zugeteilten Tierarten zeitweise möglich ist, aber nur in Ausnahmefällen. Dieses Verwandlungsmotiv finden wir oft in Märchen und Sagen erwähnt. Aber auch die Magie der Naturvölker benutzt oft derartige Praktiken (Werwölfe, Leopardenmänner, Vampire), durch die mit niedrigen Instinkten behaftete Menschen zeitweise Tiergestalt annehmen können, so daß auch eine vorübergehende Bindung von Zwischenwesen an Tierformen möglich erscheint. Hexen und Magier, die diese Art von Magie beherrschten, bedienten sich oft dieser Praktiken der magischen Verwandlung.

Gewissermaßen unterliegen auch die Zwischenwesen in ihrer Evolution dem Erlösungs- oder Befreiungsprinzip der spiraligen Aufwärtsentwicklung allen Lebens.

Das gesamte Wissen um die Anrufung der Elementargeister ist noch wenig erforscht und wird von eingeweihten Menschen meist sorgfältig gehütet und geheim gehalten. Man muß sich nur die bisher erschienenen Publikationen ansehen um schnell zu erkennen, daß die Autoren entweder wenig eigenes Wissen besitzen oder es bewußt verschleiern. Es sind hier noch viele Forschungen notwendig um dieses faszinierende Gebiet zu erhellen.

Elfenhochzeit

In einer alten Logenschrift einer magischen Geheimloge schreibt der Großkanzler dieser Loge im Vorwort: „Und trotzdem mag es hier und dort noch ganz wenige Menschen geben, die sich ihr geheimes Wissen über viele Inkarnationen hinweg erhalten haben. Im altgermanischen Kulturkreis waren es fast durchweg priesterliche Jungfrauen, Wala genannt, die das Sprachrohr der Gottheit waren. Sie lebten einsam im Wald und wurden, soweit sie der Nahrung bedurften, von den Menschen der umliegenden Höfe damit versorgt.

Diese Priesterjungfrauen waren nicht allein in allem damaligen Wissen ausgebildet, sondern standen in einem innigen Verhältnis zu der sie umgebenden Natur, lernten deren Sprache genau kennen, alle Wesenheiten, die in der Natur dienen, wurden ihnen sichtbar und sie konnten mit diesen in Verkehr treten, erhielten dadurch vielerlei Aufschlüsse, die sie zum Wohl der ihrer priesterlichen Obhut anvertrauten Menschen verwandten.

Wer die (Logen)schwester Wilja flüchtig kennen gelernt hat, wird für sich festgestellt haben, daß sie für uns in „fremden Zungen“ spricht, und manch einer mag vielleicht ein leises Kopfschütteln nicht vermeiden können. Aber jeder Mensch kommt mit seinem in vielen Inkarnationen erlernten Wissen auf diese Erde und muß sich seinem Ziel getreu weiterentwickeln. Wer kann heute schon viel mit den Begriffen „Gebetswogen, Erdgebete, Fruchtbarkeitsgebete" usw. etwas anfangen?

Jedoch soll darüber nicht gesprochen werden, denn über diese Dinge zu reden steht nur dazu Berufenen zu. Im Jahre 1949 als die leibliche Versorgung in den deutschen Gauen für den, der nicht im Geld schwamm, noch sehr zu wünschen übrig ließ, mußte manch einer noch in Wald und Feld hinausziehen, um sich zusätzlich das zu holen, was ihm für des Leibes Nahrung und Notdurft angezeigt erschien.

Doch lassen wir Sorella Wilja ihr Erlebnis erzählen: „Ich war wieder einmal ganz auf mich allein in den Wald gewandert, um mir Kräuter zu suchen, die mir Heilung geben sollten. Infolge der Unterernährung vieler Jahre, eine Pension erhielt ich noch nicht, war ich von Ödemen schwerster Art heimgesucht und hoffte durch die Kräuter aus meinem Heimatboden diese Erkrankung überwinden zu können.

Heimatboden ist nicht gleichbedeutend mit irgendeiner Gegend des deutschen Heimatlandes, denn die terrestrischen Strahlungen unter denen ich das Licht der Welt erblickte und die mein Heranwachsen behüteten, pflegten und stärkten, sind für den Körper wie auch für die Seele die einzig angemessene Strahlung, da diese gleich schwingen.

Überall, gebunden an die geologischen Formationen der Erdkruste, vermählen sich die kosmischen und terrestrischen Strahlen auf ihre besondere Art, in einem bestimmten Verhältnis, die wohltuend oder unangenehm empfunden werden. Hierauf beruht wohl auch im Grunde genommen das wahre Gefühl des Heimwehs und alle möglichen Erkrankungen, wenn der Zusammenklang der beiden Strahlungen nicht mehr mit der mitbekommenen Eigenstrahlung harmoniert. Das merkt allerdings der Mensch erst im vorgeschrittenen Alter, wenn er anfängt, sich auf sich selbst zu besinnen.

Doch zurück zu meiner Erzählung. Nebenbei wollte ich auch feststellen, ob in diesem Gebiet, von dem ich wußte, daß sich ein *Strahlenspiegel* darin befand, schon die Erdgebete erwacht waren. Aber Disharmonie erwartete und erschreckte mich. Disharmonie zwischen Erdgebetsstrom und Pflanzenwortraunen. Ich fing an, die Erdgebete mehrfach zu sprechen, um durch Prüfung die Ursache festzustellen.

Plötzlich stand ein Gnomenfürst mit drohender Miene vor mir, was mich jedoch nicht erschreckte, da ich schon öfter mit diesen Wesen in Berührung gekommen war. Die Gnomenfürsten sind Wächter innerer Gesetze in allem Lebenden sowie der Naturgesetze der Erde und ihrer Fruchtbarkeit. Man erblickt sie in einer Größe von ca. 2,25 Metern. Sie allein können ihre „Söhne" zählen, während die Zwerge nicht besonders gut rechnen können. Während die Gnomen jugendfrisch, bartlos, etwa ein Meter groß, eher schlank als kraftvoll sind, haben die Zwerge Greisenart, faltige Gesichter mit langen weißen Bärten, wie sie in den Märchen immer beschrieben werden. Im Laufe meines Lebens lernte ich bisher 17 Gnomenfürsten kennen.

Ich zeigte nun diesem Gnomenfürsten die alten Gebetswogen und eine neu erweckte, die ich an einem Baum gesehen hatte. Mit immer noch finsterer Miene prüfte er diese, um dann einige seiner Brüder zu rufen. Diesen mußte ich die neuen Erdfruchtbarkeitsgebete solange vorsprechen, bis sie diese gelernt hatten.

Tage danach, als ich wieder im Wald war, trat der Gnomenfürst unversehens zu mir und lud mich mit freundlicher Miene ein, an einer Gnomen-Elfenhochzeit teilzunehmen, die bei Vollmond gefeiert wird, nach dem Erwachen der neuen Erdgesetze vor jeder Weltenstunde, die alle ca. 2000 Jahre eintritt. Dem Wissenden genügt dieser Hinweis.

Er werde mich an dieser Stelle abholen und mich an den Ort begleiten, indem er meine Sichtbarkeit verbergen aber mir die Beobachtung erleichtern würde.

Schon auf dem Weg zum Nachbarort kam er mir entgegen, nahm mich in seine Obhut und mir nur ganz langsame Schritte erlaubend, führte er mich bis an den

„Allenbach-Graben". Bei dem magischen Licht des Vollmondes durfte ich nun erleben und erschauen, was schon in früheren Zeiten nur Sonntagskindern erlaubt war zu schauen.

Im blausilbernen Licht des Mondes leuchtete jenseits des Grabens ein unwirklich schimmernder Thron, auf dem ein ätherisches Geschöpf von wunderbarer Schönheit, eine Elfe saß. Ihr Kleid war aus spinnwebfeinem weißen Material mit breitem goldenem Saumaufschlag, über und über mit Gold bestickt. Die Füße steckten in goldenen überaus zierlichen Schuhen, auf dem Haupt trug sie einen blauen Stirnreifen mit elf Zacken, daran je einen goldenen Schildring mit je einer weißen und drei schwarzen Perlen geschmückt. Die Hände der Elfe erstrahlten in Goldröte gleich Aurora, der Morgenröte, und dieser Schein ergoß sich von da aus weit über die Stufen des Throns. Der Gnomenfürst war auf die zugetreten, zeigte auf mich und flüsterte ihr etwas zu. Ich sah, wie ihr Auge aufleuchtete, als sie meiner gewahr wurde. Aus samtener Nachtdunkelheit entfaltete sich nun bis vor den Thron eine breite Lichtbrücke, auf der lauter zartgliedrige Elfenmädchen tanzend heranschwebten. Auf der Brust trug jede eine Blumenblüte und das Kleid war jeweils in der Farbe der Blüten gehalten. Auf dem Wiesenplan erwarteten die Gnomenjünglinge, auf dem Wams ein Abbild der Frucht tragend, die mit der entsprechenden Blüte korrespondierte.

Die Paare faßten sich an den Händen und tanzten miteinander, um sich schließlich in Gruppen zum Elfenreigen rund um den Thron einzureihen. Wieder zu Paaren geordnet, schwebten sie dann mit der auf dem Thron sitzenden Elfe auf der Lichtbrücke empor zu einem auf der Höhe sichtbar gewordenen Tempel. Der Tempel und die Lichtbrücke verblaßten immer mehr, bis alles so war, wie vorher. Der Mond warf sein silbernes Licht auf die Wiese, auf dem nun die Nebel brauten. Wie mir später bekannt wurde, sind auf dieser Höhe die Reste eines Vorzeittempels ausgegraben worden.

Mein Begleiter, der Gnomenfürst, nahm nun Abschied von mir. Dies war ein Erlebnis ganz besonderer Art unter den vielen anderen, die mir bisher beschieden waren. Unauslöschlich hat es sich mir in die Erinnerung eingeprägt. Dadurch gehöre ich nach dem Gesetz zur Gnomenwacht und habe eine entsprechende Würde auf dieser Ebene erlangt.

Auch wir Menschen werden, wenn wir eines Tages den dichten irdischen Körper abgelegt haben und auf der für uns zuständigen Ebene zu neuem Leben erwacht sind, unser Bewußtsein erweitern können. Wir werden dadurch teilhaben nicht nur an den für den normalen Menschen sichtbaren Ebenen, sondern darüber hinaus ein Leben erlangen, wie man es sich in den kühnsten Träumen nicht vorstellen kann."

Beschwörung von Erdwesen und Gnomen

Die Astralebene ist nach der okkulten Lehre eingeteilt in eine siebenfache Schwingung oder Dichte. Die Erdwesen oder Gnomen schwingen ihrer Art nach in der sechsten Untersphäre und unterstehen dem Erdgeist. Trotzdem gehören sie durchaus nicht zu den eigentlich astralen dämonischen Wesen, da sie nach der Reinkarnationslehre die Erde in ihrem Entwicklungsablauf gewissermaßen nur als eine Art Durchgangsstation zu absolvieren haben. Daher haben sie auch keine Gemeinschaft mit der Menschheit und unterliegen auch nicht der karmischen Gesetzmäßigkeit. Dies zu wissen, ist sehr wichtig, denn dadurch ist es verständlich, daß sich die Zwischenwesen dem magischen Beschwörungszwang, der von einem Menschen ausgeht nicht zu unterwerfen brauchen, wie dies bei Astraldämonen der Fall ist.

Der Magus darf keinen magischen Zwang auf Gnomen und Erdgeister ausüben, sondern soll nur versuchen, sie durch einen geeigneten Kult günstig zu beeinflussen. Unter den zahlreichen Zwischenwesen wie: Luftgeister, Elfen, Salamander, Undinen, Nixen reagieren die Gnomen und Zwerge noch am ehesten auf magische Anrufungen. Verschiedene Verbindungslinien führen von den Zwischenwesen zur Menschheit und eine Anzahl von ihnen (aber durchaus nicht alle) stehen den Menschen freundlich gegenüber.

Die Gnomen und Zwerge sind in ihrem Evolutionsprozeß sicher im Aussterben begriffen. Es erfolgt hier anscheinend kein zahlenmäßig mehr so umfangreicher Einkörperungszwang in ihre Arten, als die Befreiung oder Erlösung vom Erdenaufenthalt stattfindet. Es können hier verschiedene Momente mitspielen, die mit der geologischen und klimatischen Veränderung der Erde zusammenhängen ebenso wie die sich ändernde geistige Struktur des Erdgeistes. Mit dem Evolutionsprozeß der Menschheit hat dies offenbar nichts zu tun.

So wird das Volk der Zwerge, Gnomen und Heinzelmännchen zahlenmäßig immer geringer. Diese Wesen ziehen sich mehr und mehr in ungestörtere, einsamere Gegenden der Erde zurück und sind in Europa schon selten geworden. Es kann sein, daß die moderne Technik, die Elektrizität, die immer stärker werdende Intensität der Radiospannungen, die gesamte Strahlungstechnik der modernen Menschheit, ihnen in ihrer subtilen ätherischen Struktur Schäden zufügen.

Diese Zwischenwesen meiden schon eine größere Ansammlung von Menschen und sind in der Nähe von Städten überhaupt nicht mehr festzustellen.

Die Gnomen und Zwerge sind nur noch in einsamen Gebirgsgegenden zu finden, in abgelegenen Tälern und Schluchten, auf hochgelegenen Bergplateaus und einsamen Bergwäldern. Sie lassen sich antreffen in Höhen bis fast zur Schneegrenze im Hochgebirge. Auch in den einsamen Mittelgebirgen sind sie noch zu finden, aber niemals in Tälern oder Gegenden, die von Eisenbahnlinien, Hochspannungsleitungen und ähnlichem berührt werden. Sie meiden ebenfalls Orte und Straßen mit starkem Verkehr.

Dagegen bevorzugen sie alte verlassene Bergwerke, Steinbrüche, Höhlen und Hütten im Gebirge. Alte Eichen und Buchenwälder sagen ihnen zu; in Fichtenwäldern sind sie seltener anzutreffen. Berghalden und offene Waldbestände, die mit Wacholder durchsetzt sind, mögen sie anscheinend gerne. Jede Zwischenwesenkategorie hat ihre Pflanzen, Sträucher und Bäume, mit denen sie harmonisch und naturverbunden sind.

Der Magus, der magische Kulthandlungen durchführen will, muß abgelegene Gebirgsgegenden aufsuchen, wo er ungestört arbeiten kann. Es gibt Gegenden, deren Bewohner sehr oft von solchen Erscheinungen zu berichten wissen, wenn auch häufig nur in Form örtlicher Sagen und Erzählungen, die von Mund zu Mund überliefert worden sind.

Der Magus muß ausgeruht, in gesunder körperlicher Verfassung, harmonisch gestimmt und in seelischer Empfangsbereitschaft sein. Eine Woche vor dem Experiment soll er fasten, darf keinen Alkohol zu sich nehmen und muß sexuell enthaltsam sein, um absolut reine Ausstrahlungen zu besitzen. Er soll die Vollmondnächte benutzen, in denen der Mond in einem Erdzeichen steht. Die Stunden um Mitternacht sind besonders günstig für Anrufungen.

Die Gnomen bevorzugen die weiße Farbe. Der Magier soll deshalb ein weißes seidenes Gewand oder einen weißen Mantel tragen. Er kann dazu alle magischen Utensilien benutzen, die er sich für die allgemeine Mondmagie angefertigt hat. Als Schmuckstein für Ring und Stirnband nehme er den schwarzen Onyxstein oder den Chalzedon. Als Symbol ist das Sechseck zu verwenden. Die Sigille sind dem magischen Quadrat der Zahl sechs zu entnehmen. Die Schalen und Gegenstände müssen aus Silber sein; Räucherpulver und Duftessenzen dem Mond zugehörig.

Der Magier suche sich einen geeigneten ebenen Platz aus, am besten am Fuße eines Felsens oder eines alten Baumes am Rande einer Waldlichtung. Mit einem zugespitzten Stock aus Buchsbaum, Wacholder oder Eibenholz zieht er in der üblichen Weise um sich einen großen magischen Kreis. Ferner benötigt er einen Hammer aus obigen Holzarten. Stab oder Stock und Hammer sind mit Symbolen des Mondes und der Erde zu versehen. Auf der Anschlagfläche des Hammers ist das Sexagramm einzugravieren. Zu allen Anfertigungen und Größen ist die Sechs in ihren Zahlenentsprechungen zu verwenden. Aus vorerwähnten Hölzern ist ferner ein kleiner dreibeiniger Tisch anzufertigen mit runder, ovaler oder auch sechseckiger Platte.

In eine offene silberne Schale gießt er weißen Landwein, in eine zweite Schale eine Hand voll weißes Mehl und in eine dritte Schale eine Hand voll Weizen- und Maiskörner. Dazu kann er einige am Tage vorher gepflückte Früchte der betreffenden Jahreszeit legen. Der gedeckte Tisch muß außerhalb des Kreises stehen. Die Blickrichtung nach Süden gerichtet.

Da Zwerge und Gnomen kinder- und tierliebend sind, kann man zur Anrufung ein junges weißes Tier mitnehmen: eine weiße Taube, ein weißes Lamm, aber keine Katzen oder Hunde. Es ist dem Magus auch erlaubt, ein Säugling oder ein kleines Kind bis zu einem Jahr mitbringen. Diese Lockmittel sind alle außerhalb des Kreises nach Süden zu platzieren. Kindergeschrei oder der Tierlärm ist nicht als störend, sondern der Anrufung eher förderlich.

Niemals aber darf ein Tier geopfert werden, wie es manchmal in den alten magischen Büchern vorgeschrieben ist. Die Zwischenwesen sind jedem Blutkult abhold. Niemals wird eine derartige Anrufung gelingen. Es besteht dann vielmehr die Gefahr, astrale Dämonen oder sonstige negative Astralwesen anzuziehen.

Bei begnadeten oder sensiblen Menschen können derartige Anrufungen schon mit den einfachsten Kulthandlungen gelingen, es sind Fälle genug berichtet, in denen Zwerge oder Gnome sich ohne jede Anrufung gezeigt haben, vor allem Kindern.

Der Magus kann sich schon tagelang vorher durch einsame Wanderungen zum Aussuchen eines richtigen Platzes ganz von selbst in eine engere, seelisch bedingte Naturverbundenheit bringen. Die magische Anrufung geschieht, wenn alle erforderlichen Vorbereitungen getroffen sind, in folgender Weise:

Der Magus steht innerhalb des Kreises und vollzieht zunächst sechsmal die Vokal-Atemübung des Vokales "E" in der entsprechenden Haltung. Hierzu stellt man sich aufrecht und spreizt leicht die Beine. Die Arme werden waagrecht ausgestreckt, wobei die Handinnenflächen nach unten weisen und die Finger geschlossen sind. Zwecks besserer Konzentration kann man die Augen schließen. Der Vokal E ist halblaut und anhaltend zu singen oder summen. Die Lippen bilden ein schmales Oval. Die Gedanken sind darauf zu konzentrieren, daß aus den Händflächen Odkraft zu den Füßen hinabströmt und den Körper nach und nach umfließt und für die feinstofflichen Wesenheiten fühlbar wird. Danach kreuzt man die Arme vor der Brust und verneigt sich sechsmal nach jeder Himmelsrichtung. Anschließend nimmt man den Hammer in die rechte

Hand und schlägt sechsmal in langsamen Intervallen auf den Boden oder an den Felsen und ruft laut nach jedem Schlag:

Im Namen der großem Mutter !
Im Namen des Erdgeistes !
Im Namen des großen Pan !
Rufe ich euch ihr Wesen der Erde !
Seid mir gnädig !
Ich rufe euch zu Gast !
Nehmt meine Gaben in Liebe und Freundschaft !

Dann kniet der Magus nieder, mit dem Gesicht dem Tisch zugewandt, oder er setzt sich im persischen Sitz in die Mitte des Kreises. Nun wartet er einige Minuten und achtet mit wachen Sinnen auf alles, was sich ereignet. Bemerkt man zunächst nichts, kann man die Anrufung noch zweimal wiederholen. Nach dem dritten Mal, selbst wenn man keine sicht- oder hörbaren Resultate bemerkt, äußere man mit leiser Stimme und in wenigen Worten seine Wünsche. Ist auch dann noch kein Erfolg festzustellen, kann der Magus die Beschwörung abbrechen, den Kreis entfernen, und die Utensilien ebenso wie seine magische Kleidung in einem Behälter verstauen.

Den Tisch und die dargebrachten Speiseopfer läßt er jedoch unberührt und legt sich dann, wenn es die Witterung erlaubt, an dem Platz zum Schlafen nieder.

Er versuche, sein Traumleben in dieser Nacht zu beachten und zu behalten. Selbst wenn keine der angerufenen Zwischenwesen bei der Beschwörung sichtbar wurden, besteht durchaus die Möglichkeit einer Traumbeeinflussung von ihrer Seite aus.

Am Morgen bringt er den Platz in seinen alten Zustand zurück. Die Speisen verstreue er in der Umgebung des Platzes. Man darf aber nicht denken, daß die Speisen von den Wesen etwa berührt würden; sie sind lediglich Symbole einer sakralen Handlung. Als reine Odträger haben sie den Zweck erfüllt, die Wesen anzuziehen.

Es ist durchaus möglich, daß die Wesen diese Odausstrahlungen der Speisen oder der Tiere gleichsam aufgesogen haben zu ihrer Manifestation. Genau wie im Sakrament des Abendmahles sind diese Opfergaben nur Symbol und Gedankenträger im magischen Sinn der Kulthandlung.

Am folgenden Tage kann der Magus versuchen, mit der Wünschelrute die verborgenen Dinge zu finden, um die er in der Beschwörung die Zwischenwesen gebeten hat. Das weitere Vorgehen richtet sich ganz nach dem Zweck und der Absicht der Beschwörung. Es muß dem Magus selbst überlassen bleiben, sich entsprechend zu verhalten. Keinesfalls aber darf er vergessen, nach Beendigung der Beschwörung - ganz gleich, ob er sichtbare Erfolge erzielt hat oder nicht - die sogenannte Entlassungsformel zu sprechen, z.B.:

Ich danke euch ihr Wesen der Erde
und verspreche über dieses magische Geschehen
absolut zu schweigen oder über euch zu sprechen !
Ich werde diesen Ort heilig halten !
Im Namen der großen Mutter zieht hin in Frieden !

Dazu wieder sechsmalige Verneigung nach jeder Himmelsrichtung. Diese Weisungen sind nur richtungsgebend. Es bleibt dem Magus überlassen, Variationen individuell auszugestalten im Rahmen seiner magischen Schulung und seines magischen Wissens.

Gottes oder Engelsnamen sind bei der Anrufung auf jeden Fall zu vermeiden, denn sämtliche Zwischenwesen sind nach der esoterischen Lehre noch unerlöst; die Mission von Jesus Christus hat ihnen nach der mystischen Auffassung nicht gegolten. Sie haben mit der Menschheit und deren Evolution nichts zu tun.

Es gibt zahlreiche Gattungen der Zwerge, deren Beziehungen sich meist nach den Orten richten, an denen sie anzutreffen sind: Felsen-, Wald- und Wiesenzwerge, Berggnomen, Wurzelmänner, Höhlen- oder Berggeister, Heinzel- und Wichtelmännchen, Kobolde usw.

Ihrer charakterliche Veranlagung nach, sind diese Zwischenwesen selten bösartig, sondern oft von einer harmlosen und fröhlichen Natur; häufig sogar hilfsbereit, wenn sie merken, daß man sie nicht belästigt oder verspottet. Die zahlreichen Märchen und Sagen aller Völker sind eine wahre Fundgrube über diese Wesen, deren Existenz seit Jahrtausenden in unzähligen Fällen beobachtet wurde, an die aber der moderne intellektuelle Mensch nicht mehr glaubt und damit sich selbst die Möglichkeit der Wahrnehmung nimmt.

Die Faune, Pans, Nöcke gehören in diese Kategorie. Weibliche Wesen sind bei diesen Völkern selten anzutreffen. Zu anderen Zwischenwesen wie Elfen, Nixen, Undinen usw. haben die Zwerge harmonische Verbindungen und oft Interessengemeinschaften.

Dieses Gebiet ist wenig erforscht, denn die magischen Riten sind meist verloren gegangen, der heutigen materiellen Zeit entsprechend. Nur in seltenen Fällen ist es gelungen, derartige Zwischenwesen zu fotografieren. Im Waliser Hochgebirge gab es in der Vergangenheit Menschen, die derartige magische Praktiken mit Erfolg für ihre Wünschelrutengänge und sogar Goldsuche gebrauchten. Aber wer um diese Dinge weiß, wird selten darüber sprechen, um sich nicht der Lächerlichkeit der profanen Umwelt auszusetzen.

In der okkulten Literatur findet man oft Schilderungen und Erzählungen über die Naturwesen (Anmerkung des Herausgebers: Empfehlenswert sind die Bücher: Naturgeister von Karl Spiesberger und Zauber des Feenreichs von Ted Andrews).

Jede kultische oder sakrale Handlung, jede praktische Magie bringt eine Hochpolung der energetischen Kraft des Magus mit sich und steigert außerdem durch seine innere Einstellung seine Sensibilität und seine innere Aufnahmefähigkeit. Er gleicht in diesem Zustand tatsächlich einem Strahlungsapparat, der bestimmte Wellenlängen ausstrahlt und gleichzeitig Empfänger für einströmende Wellen ist.

Die Aufnahme und Sendefähigkeit möglichst zahlreicher Wellenlängen ist das ersehnte Ziel magisch tätiger Menschen. Die Erscheinungsformen der Wesenheiten transzendenter Sphären richten sich durchaus nach dieser Hochpolung, nach der Mentalität und den geistigen Energiekräften. Das Oberbewußtsein des Magus bedeutet meist eine Hemmung und sollte möglichst ausgeschaltet werden. Deshalb ist eine gläubige, seelische Empfangsbereitschaft des Magus gerade bei der Beschwörung von Zwischenwesen absolut notwendig. Wer skeptisch an diese Dinge herangeht, wird keine Erfolge erzielen.

Sämtliche Zwischenwesen gehören dem Naturreich an, befinden sich jedoch stets in einer ätherisch-astralen Schwingung, selbst wenn sie unter günstigen Umständen sichtbar werden sollten. Das magische Gesetz der Formen und Bildkräfte besteht ja für alle Daseinsebenen der siebenfachen irdischen Sphäre. Trotzdem sind die Zwischenwesen nicht als dämonische Erscheinungen oder Wesen zu betrachten, wenn sie auch dem astralen Elementarreich angehören.

Es bestehen gewisse magische Verbindungslinien der einzelnen Kategorien der Zwischenwesen zu anderen Planeten. So reagieren z.B. Elfen und andere Luftwesen sehr auf Entsprechungen der Venusmagie; andere wieder, wie Salamander und Feuergeister auf den Mars. Die Gnomen und Zwerge haben eine Reagenz auf den Saturn. Dies kann der Magus berücksichtigen.

Diese magischen Entsprechungen sind aber nur als Unterschwingungen auszuwerten, denn an erster Stelle müssen die Mondkräfte benutzt werden. Der Mond ist in magischem Sinne Transformator des astralen Lichtes, und seine Entsprechungen sind bei keiner Magie auszulassen.

Bei der Auswahl der Räucherpulver, der Farben und sonstigen Utensilien kann dieses Wissen berücksichtigt werden, um ein möglichst harmonisches Zusammenklingen der fluidalen Ausstrahlung der verwandten Gegenstände zu erreichen. Denn jedes jenseitige Wesen benötigt zu seiner Manifestation und Sichtbarwerdung diese fluidalen Essenzen um seine ätherische Schwingung gewissermaßen zu verdichten.

Die Anrufung einer Baumdruse

Die Wesen des Erdelementes also Gnomen, Zwerge, Wichtel und Berggeister sind für magische Anrufungen am leichtesten zu erreichen. Zu Beachten ist, daß sie zwar in der Regel relativ leicht evoziert werden können, aber nicht immer freundlich reagieren. Eine Anrufung, die sich der Hilfe einer Baumdruse als Vermittler bedient, ist im folgenden kurz wiedergegeben.

Zunächst enthalte man sich für die Dauer von neun Tagen vor dem Experiment sämtlicher Genußgifte wie Alkohol, Nikotin, Tee, Kaffee, Cola usw. Man ernähre sich vegetarisch und halte strikte sexuelle Enthaltsamkeit, was auch erotische Vorstellungen und Gedanken einschließt. Zur Verstärkung der Aufnahmefähigkeit lese man geeignete Literatur über die Geister des Waldes, der Berge und vor allem über Gnomen und Zwerge, auch Märchenbücher sind hier gut geeignet. Man meditiere über die Aufgaben und Tätigkeiten der Naturwesen und führe lange Spaziergänge in der Einsamkeit durch. Runenübungen, Mantras und Odpraktiken unterstützen die Vorbereitungen.

Das Erscheinen der Erdwesen wird durch das Anziehen von weißer Kleidung (denn Erdgeister lieben die weiße Farbe) und dem Tragen eines Silberringes der mit einem schwarzen Onyx versehen ist (Mond und Saturnkräfte) begünstigt.

Für die Anrufung der Erdgeister suche man sich einen einsamen abgelegenen Ort, an dem sich ein möglichst alter Baum befindet. Je älter und eindrucksvoller dieser Baum aussieht und je abgeschiedener und isolierter er sich im Wald befindet, um so besser. Die Chance, daß dieser Baum, eine Baumdruse beherbergt ist hier am größten. Vorteilhaft in der Stunde der Dämmerung bei Vollmond oder in der ersten Phase des zunehmenden Mondes, zeichne man das nachstehende Symbol mit Kreide unter stärkster Willenskonzentration auf die Baumrinde. Zur Vereinfachung kann man das Symbol aber auch auf ein Stück Papier zeichnen und vorsichtig an dem Baum befestigen. Hierbei sind die Symbole der Anrufungsglyphe unter starker Konzentration auf das gewünschte Ergebnis mehrfach nachzuziehen.

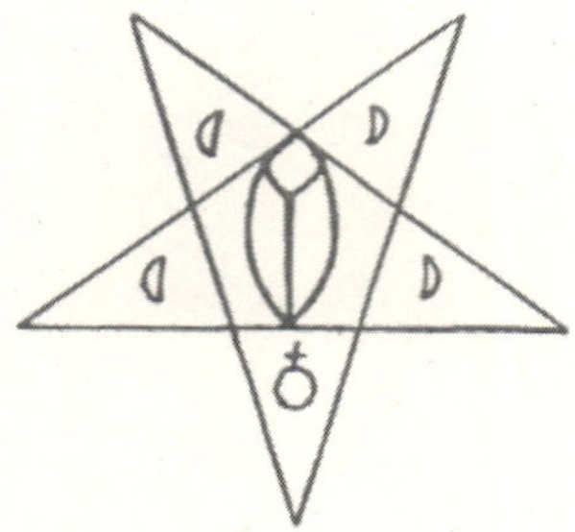

Anrufungsglyphe

Zur Verstärkung dieses Rufzeichens kann man an die vier oberen Mondspitzen des Pentagramms den kabbalistischen Gottesnamen Sadai und an die untere Spitze den Gottesnamen Adonai Melech einzeichnen.

Die Stärke der geschulten Konzentration ist hierbei das wesentliche Element. Das im Baum befindliche Wesen, das man auch als Baumdryade bezeichnet, sendet hierauf Rufwellen aus, die in einem Umkreis von mehreren Kilometern wirksam sind und von sämtlichen Zwischenwesen der Umgebung bemerkt und empfangen werden. Dieses Rufzeichen das durch die Kräfte der Baumdryade magisch verstärkt wird, ist für die Zwischenwesen eine Einladung sich dem Magier zu nähern.

Allein auf die Sensibilität des Einzelnen kommt es an, ob sich die Zwischenwesen dem Magier in Form von Lauten und Geräuschen, Tierstimmen, Blätterrauschen oder gar in sichtbarer Form zu erkennen geben. Zeigt sich nach einiger Zeit keines der oben genannten Anzeichen für einen magischen Kontakt, wiederhole man das Experiment an den folgenden sechs Tagen. Erhält man auch hier kein Ergebnis, hat man sich wahrscheinlich für einen falschen Baum entschieden, der keine Baumdruse beherbergt und versuche es mit einem anderen alten Baumpatriarchen.

Kommt eine Materialisation auf dem physischen Plan der Erdwesen nicht zustande, kann der Kontakt auch durch Tischrücken, die Benutzung einer Planchette oder durch einen magischen Spiegel hergestellt werden. Zur Unterstützung und Verstärkung der Anrufungsglyphe kann man die Namen der Erdintelligenzen rezitieren.

Nachstehend eine kurze Liste der mächtigsten Zwergenvorsteher:

Modsognir	Durin	Nidi	Dwalin
Nain	Dain	Bifur	Nori
Ai	Thrain	Amarr	Fundin
Fili	Kili	Bildr	Buri

Zum Abschluß und nach Beendigung der Arbeit kann man den Wesen der Elemente danken und sie in ihre Sphären entlassen. Sehr gut eignet sich hier auch das Gebet der vier Elemente. Hierzu breitet man die Arme weit aus und hält die Hände schalenförmig geöffnet und die Fingerspitzen leicht gespreizt nach oben.

Gebet der vier Elemente:

„Wesen der Luft, geflügelte Sylphen, ich grüße euch!
Seid glücklich in eurem Bereich.
(Nun wendet man sich dem Boden entgegen)
Wesen der Erde, Gnomen und Faune,
Wesen des Wassers, Undinen und Nixen,
Wesen des Feuers, züngelnde Salamander,
möge euer Element Welt und Heimat euch sein!
Keines dem anderen Feind,
einend die Vier in gemeinsamer Kraft.
Schaffend am großen Werke des Einen.
Beherrscher der Elemente,
der Schöpfung uralteste Demiurgen,
seid mir gewogen, segnet mein Vorhaben.
Schützet mein Glück!“

Die Evokation des Naturgottes Pan

In dem Archiv der Loge Fraternitas Saturni befanden sich einige Aufzeichnungen über den großen Pan, die wohl einzigartig in ihrer Wiedergabe sein werden, denn es findet sich darüber wenig oder gar nichts in der entsprechenden Fachliteratur.

Wohl wird Pan vor allem bei Beschwörungen der Zwischenwesen und auch in der sonstigen Naturmagie oft angerufen, aber über ihn selbst ist wenig bekannt und sein Sigel wurde bisher noch nirgends veröffentlicht.

Der Halbgott Pan war in der frühgriechischen Götterlehre der Hirtengott, spätgriechisch galt er als Gott des Weltalls, dem vor allem die Natur und ihr Werden unterstand. Sein Bild gab ihn wieder als ein Wesen: Halb Mensch, halb Ziegenbock, behuft und mit Hörnern, so wie später auch die Faune allgemein dargestellt wurden.

Die Geheimlehre berichtet, daß die Fabelwesen der Frühantike, wie Faune, Kentauren, Zyklopen u.a. durchaus existent waren, denn sie sind Rudimente früherer Rassen, welche in geologischen, weit zurückliegenden Epochen der Erde existierten. Schon damals waren sie nur Rassenüberreste, welche sich nur kurze Zeit nach der zu Ende gehenden dritten Eiszeit in abgelegenen Gebirgen und einsamen Gegenden halten konnten und dann gänzlich ausstarben und verschwanden. Am längsten hat sich die Rasse der menschenähnlichen Faune erhalten, von denen die griechischen und römischen Sagen eingehend berichten. Man kann diese Wesen, wenn man sie als Rassenrudimente betrachtet, nicht zu den eigentlichen Zwischenwesen rechnen, obwohl sie ohne Frage ein Bindeglied zur Frühmenschheit darstellen.

Die esoterische Magie lehrt, daß die Gruppenseelen dieser Rassen nicht mehr aus sich selbst die Kraft fanden, sich in irdische Formen zu manifestieren. Intelligente Bruchstücke dieser jeweiligen Gruppenseelen sind ohne Frage in die Menschheit übergegangen, besonders die Faune sowie die Kentauren in andere Tierrassen, wie Pferde, Ziegen und Steinböcke. Auch die Geschlechter der großen Menschenaffen werden auf diese Weise in ihrer weiteren Entwicklung befruchtet worden sein.

Die geistige Schwingungskraft dieser Gruppenseelen ist in den vergangenen Jahrtausenden jedoch durchaus nicht restlos erloschen, sondern sie lebt in der astralen Sphäre des Erdwesens weiter, ohne irdische Formen annehmen zu können. Durch magische Invokationen ist es möglich, sie in einzelnen Fällen als subtiles, rein astrales Wesen sichtbar werden zu lassen.

Der große Pan selbst ist die stärkste Zentralisation und Manifestation seiner Gruppenseele und ernsthaft als Herrscher der ihm liegenden und mit ihm verbundenen

Naturwesen zu beachten. Seine Macht, sein Einfluß erstreckt sich auch auf eine Anzahl von Kategorien von Zwischenwesen, wie die der Elfen und Sylphen. Auch ein enger Kontakt zu der Welt der Zwerge und Gnomen besteht. Auf die Wassergeister, Nymphen etc. hat er wenig Einfluß. Auch auf die Feuergeister nicht. Interessant ist es, daß ein großer Teil unserer heutigen Tierwelt noch merkbar auf diese subtilen Schwingungen des Pan reagiert.

Pan als Wesenheit ist, wie die schon die griechische Sage behauptet, ein lebensbetonter, gütiger, freudig gesinnter Naturgott, der trotz seiner astralen Bindung noch enge Reperkussion im harmonischen Sinne mit der mentalen Erdsphäre der Venus hat, die man als Rupa bezeichnet, denn seine Beschwörungsriten tragen teilweise rein venusischen Charakter, wenn auch in etwas niederer Oktave. Er gilt ja auch als Gott der Sinnesfreuden, der Erotik, ist stark sexuell betont, gilt als Gott des Weines und des Genusses und reagiert auf beide Geschlechter. Er hat sicher mit Bachus und Eros eine harmonische Verbindung.

Das beigegebene Pentakel des großen Pan, wahrscheinlich frühmittelalterlichen Ursprungs, trägt deshalb an sich einen harmonischen, nicht dämonischen Charakter. Es besteht aus dem Symbol des Sexagrammes, das Symbol des Universums, der Erde und der Welt, und ist aufgebaut auf Erd- und Mondkräften, wie die astrologischen verwandten Planeten- und Tierkreiszeichen angeben.

Pentakel von Pan

Auch die Venus ist durch ihr Sigel verankert. Die Wirkungszahl des Pentakels ist 90 gleich 9 der Mondzahl. Die Zahl von Pan = 7. Deshalb müssen alle Anrufungen siebenmal erfolgen!

Als Beschwörungsorte sind einsame Berggegenden, am vorteilhaftesten Berggipfel zu wählen. Felsenschluchten mit Quellen sind ebenfalls günstig.

Die beste Zeit zur Anrufung ist die Morgen- oder Abenddämmerung. Montag und Freitag sind günstige Tage.

Als Räuchermittel verwende man wohlriechende Pflanzen und Kräuter, besonders Thymian und Enzian, Weinblätter, wilde Kastanienblüten, Kiefernnadeln sowie auch Alpenrosen.

Die Beschwörung kann durch Flötenspiel (auch Blockflöte) unterstützt werden. Dekorationen und Kleider sind in den Farben grün und hellblau zu halten. Metallgegenstände müssen aus Kupfer oder Bronze sein.

Opferungen sind keinesfalls notwendig. Kein Blut darf fließen. Die Beschwörung ist absolut ungefährlich, denn es erfolgt ja keine dämonische Anrufung.

Der Magus kann, wenn er nicht allein sein will, einige junge Mädchen oder Jünglinge teilnehmen lassen, die er um den Kreis stehend oder sitzend gruppiert. Vorher können sie den Kreis, wenn der Magus in seiner Mitte steht, in einem fröhlichen Reigen mehrmals umkreisen zum Klang einer Flöte. Sie können auch dabei singen - Vokalreihen oder ein naturverbundenes Lied.

Die Anrufungen können nur in dem Monat Mai oder September erfolgen. Die Teilnehmer sollen möglichst unbekleidet sein.

Der Kreis und die Sigille können in den Sand gezogen werden mit einem zugespitzten Stück Holz oder Weide, der Kastanie oder des Buchsbaumes, es genügt auch eine stärkere Weinrebe. Eigene Variationen sind zulässig. Man kann der Anrufung einen festlichen Charakter geben. Junge Ziegen oder Lämmer unterstützen die Wirkung.

Pan sind alle gutartigen Tiere zugeteilt, aber niemals fleischfressende oder giftige Tiere. Der Magus selbst und alle Teilnehmer sollen vor der Beschwörung 24 Stunden fasten oder nur Früchte zu sich nehmen.

Der Magus trägt ein grünes, seidenes Stirnband, an dem vorn ein Pentagramm vor dem Stirnchakra mit der Spitze nach unten befestigt ist. Er kann selbst mit einem Lamm- oder Ziegenfell bekleidet sein.

Die Beschwörung oder Anrufung:

Anrufung der Luftgeister des Montags:

Arcan, Bilet, Missabu, Abuzaha

Anrufung der Luftgeister des Freitags:

Suth, Maguth, Gutriz

Dreimal wiederholen.

Der Magus inmitten des Kreises nach Süden gewandt:

"Im Namen von Adonai - Adonai - Adonai
(in Vokalatemtechnik laut aussprechen)
rufe und beschwöre ich Dich Du großer Gott.

Pan - Pan - Pan - Pan - Pan - Pan – Pan
Du Gott und Herrscher der Natur

Pan - Pan - Pan - Pan - Pan - Pan - Pan
Du Gebieter der Wesenlosen des Reiches

Pan - Pan - Pan - Pan - Pan - Pan - Pan
Erscheine! - Erscheine! - Erscheine!

Werde uns sichtbar und gib uns von Deiner Kraft
und Deiner Glückseligkeit.
Gib uns Harmonie und Schönheit
und verbinde uns mit den Wesen Deines Reiches.

Wir nehmen Dich in uns auf
mit unserer Seele und unserem Empfinden."

Der Magus trinkt nach diesen Worten aus einem Kelch langsam drei Schlucke möglichst griechischen Wein und verschleudert den Rest des Kelches rings um den Kreis.

Nach einer Viertelstunde des absoluten Schweigens (dabei achten auf Vogel- oder Tierrufe) spricht der Magus die Entlassungsformel, tritt aus dem Kreis und löscht diesen mit allen Zeichen.

Entlassungsformel:

Wieder siebenmaliges Rufen des Pan wie vorher.

"Großer Pan, ich danke Dir, daß Du mich erhört hast (auch wenn nichts bemerkt wurde an Manifestationen). Gehe zurück in Dein Reich in Frieden!"

Entlassung der gerufenen Luftgeister.
Dreimal Nennung der Namen.

"Ich danke Euch für die Hilfe. Ziehet hin in Frieden."

Dreimalige Verneigung nach jeder Himmelsrichtung mit über der Brust gekreuzten Armen.

Anmerkung: Der geschulte und wissende Magus weiß, daß sich diese alte Überlieferung wohl nur sehr selten und schwierig in der gegebenen Form inszenieren und ausführen läßt. Es sind ihm jedoch Anhalts- und Kernpunkte genügend gegeben, durch die er die Beschwörung nach seinem eigenen Ermessen auch gekürzt und in ähnlicher, den Umständen nach geänderter Form ausführen kann.

Selbst, wenn keinerlei Wahrnehmungen gemacht worden sind, beachte er sein Traumleben in den folgenden Nächten. Bei derartigen Anrufungen wurde oft genug beobachtet, daß sich durch irgend welche Fehler oder hindernde andere Umstände sich nichts zeigte, aber das Traumleben der Teilnehmer wurde in den folgenden Nächten entsprechend beeinflußt und aus dem Unterbewußtsein kamen Impulse und Mitteilungen.

Das gegebene Pentakel des großen Pan kann auch bei allen anderen Beschwörungen von Zwischenwesen, soweit keine andere Weisungen vorliegen, mitverwendet werden! Das ist wichtig.

Falls die Teilnehmer sich zu der Zeremonie besonders mit wohlriechenden Ölen gesalbt hatten, sollen sie alle, wenn Möglichkeit dazu vorhanden ist, ein erfrischendes Bad in einem in der Nähe befindlichen, fließenden Gewässer nehmen, und zwar nach der Zeremonie.

Sicher ist aber, daß die Anrufung des großen Pan die bereits vorhandene Naturverbundenheit und das Einfühlungsvermögen in die Natur ungemein steigert. Ein eigenartiges Glücksgefühl, eine innere Freudigkeit durchströmen den Magus. Er gewinnt immer mehr den Abstand von der so indifferenten Menge der Menschheit und flüchtet sich so oft er kann, in die Harmonie und Einsamkeit der Natur, um immer mehr zu einem inneren Frieden zu gelangen.

Die magische Bildung von Gedankenwesen

Die experimentelle Schaffung von Gedankenpsychogonen gehört zu den Anfangsdisziplinen der magischen Praxis und zeigt oft ganz erstaunliche Resultate. Derartige Experimente können allein durchgeführt werden, lassen sich aber durch den Einsatz von geeigneten Medien sehr gut variieren.

Bei der praktischen Ausführung wird vorausgesetzt, daß der Magus mit der Hypnose, dem körperlichen Magnetismus, der Odlehre, der Telepathie und der magischen Symbolik vertraut ist und damit arbeiten kann.

An diese Versuchsreihen, die an sich nicht schwierig sind, und noch nicht in das Gebiet der hohen Magie gehören, sollte im Grunde jedoch nur ein geübter Magier herangehen.

Das Gelingen dieser Experimente hängt weiter davon ab, daß der Magus tatsächlich in der Lage ist, seine Imaginationskraft bewußt zu steigern und seine Konzentration durch Atemtechnik hochzupolen, um so seine energetischen Kräfte wirksam einsetzen zu können. Außerdem muß der Magus ein ausgeprägtes Selbstbewußtsein haben und unbedingt an sein Wollen und seine Praktiken glauben. Gerade bei diesen Experimenten ist der Magus Schöpfer und Gestalter zugleich, der wie ein Künstler sein eigenes Werk bildet und formt.

Die Bildung eines Gedankenphantoms stellt bereits einen Eingriff in die Astralsphäre dar. Die erzeugten Gedankenpsychogone gehören noch zu den ätherischen Schwingungen der Pranasphäre, sind also feinstoffliche, durchaus unselbständige, unbeseelte und schnell vergängliche, aus Od-Substanz gebildete Wesen. Sie verdienen den Namen eines Phantoms tatsächlich, denn sie lösen sich in Nichts auf und unterliegen auch nicht den atomistischen Gesetzen des Astraläthers, denn sie gehören zu Kama-Loka.

Das Gedankenwesen ist ein Willensprodukt des Magus und enthält alle diejenigen Eigenschaften, die der Magus gedanklich in es hinein transformiert; es erfüllt alle Funktionen der richtungsgebenden Denkkraft des Magus und ist ausführendes Werkzeug seines Willens und seiner Vorstellungskraft.

Experimente dieser Art als schwarze Magie zu bezeichnen, ist nicht berechtigt, obwohl zugegeben werden muß, daß ein schwarzmagisch veranlagter Mensch durch entsprechende Gedankenpsychogone genug Unheil und Disharmonie verursachen kann. Es kommt einzig und allein auf die Art der Suggestion an, die dem Gedankenwesen gegeben wird.

Zunächst einige Hinweise zur rein experimentellen Bildung des Gedankenwesens: Der Magus zeichne auf echtem Pergament mit seinem eigenen Blut und dem

Blut des Mediums (ev. auch Menstrualblut) eine von ihm selbst konstruierte Symbolfigur, die er nach den Gesetzen der anziehenden magischen Symbole zusammengestellt hat. Er soll dazu aber keine Sigille aus magischen Quadraten verwenden, sondern nur Ursymbole, um von vornherein keine Astralwesen anzuziehen.

Als richtungsgebendes Beispiel nachstehendes Symbol: Ein gleichschenkeliges Dreieck mit der Spitze nach unten, in dieses einen Kreis zeichnen, in dem sich ein Pentagramm befindet, mit der Spitze nach unten. Um dieses Symbol eine große Ellipse ziehen und das Ganze in ein Quadrat stellen.

Anmerkung: Das Experiment soll in einem geschlossenen Raum vorgenommen werden, und zwar zu einem vorher astrologisch errechneten günstigen Zeitpunkt, also Stunden, in denen der Mond in Quadratur zu den magischen Planeten im Horoskop des Mediums steht. Keine Schutzräucherungen vornehmen, sondern nur Venus- oder Monddrogen verwenden. Die Handlung ist in Form und Aufbau rituell auszuführen.

Zunächst wird das Medium vom Magus in einen leichten magnetischen Trancezustand versetzt (Hypnose ist nicht erforderlich). Das Medium liegt unbekleidet in bequemer Ruhelage auf Kissen vor dem Magus auf dem Boden. Der Magus läßt sich in einem ihm zusagenden magischen Sitz auf der linken Seite des Mediums nieder, ohne in seiner Bewegungsfreiheit beeinträchtigt zu sein. An seiner rechten Seite zieht er mit magischer Kreide, einen Kreis mit einem Durchmesser von ungefähr 30 Zentimeter, in den er dann das Pergament mit dem Symbol hineinlegt.

Anmerkung: Zu diesen Handlungen dürfen nur Utensilien und Gebrauchsgegenstände wie Kreide, Zeichenpinsel, Schale, Drogen usw. benutzt werden, die den magischen Vorschriften entsprechen, und die vorher sachgemäß isoliert und aufbewahrt waren.

Nachdem der Magus sich mittels Atemtechnik konzentriert hat, beginnt er, beim Medium die Gegend des Milzchakras zu entmagnetisieren mit der Vorstellung, die dort befindlichen Odkräfte in sich aufzunehmen, sie durch sich hindurchzuleiten und durch seine über das Pergament gehaltene rechte Handfläche wieder auszustrahlen, um so durch seine Vorstellungskraft aus den Odschwingungen eine Odform zu bilden.

Nach sechsmaliger Wiederholung erfolgt die gleiche Behandlung des Sexualchakras in einem wechselnden Rhythmus von 6 : 5, und zwar neun Mal hintereinander. Hiermit sollte sich der Magus begnügen, um eine zu starke Odschwächung des Mediums zu vermeiden.

Das Medium, das sich mit dieser Praxis einverstanden erklärt haben muß, soll den Magus bei seinen Manipulationen gedanklich unterstützen; es soll mit geschlossenen Augen, ruhig atmend, sich alles gedanklich vorstellen. Hauptträger dieses Experimentes ist die Imaginationskraft des Magus. Zur bewußten Formung des Gedankenwesens ist zunächst nichts weiter erforderlich.

Der Magus verharre nun einige Minuten in abwartender Haltung und kann dann die Handlung als solche abschließen. Falls sich das Medium sehr geschwächt fühlt, sollte es im Verlaufe des Abends magnetisierend gekräftigt werden. Geschlechtlicher Verkehr darf nach diesem Experiment keinesfalls stattfinden.

Durch Auspendelung des Symbols kann der Magus feststellen, ob ein Wesen gebildet worden ist. Die Grundschwingungen zeigen die Größe und Stärke an, auch die ungefähre Form läßt sich auspendeln.

Ist beabsichtigt, das Wesen längere Zeit in Schwingung zu erhalten, so muß es vom Magus und vom Medium mit neuen Odkräften versehen und gewissermaßen neu gekräftigt werden. Hierzu genügt eine einfache Einstrahlung gemäß den allgemeinen Einodungspraktiken. Auf diese Weise kann das Gedankenwesen wochenlang erhalten werden; das Pergament ist dann allerdings in einem abgeschlossenen, vor Unberufenen geschützten Raum aufzubewahren.

Anmerkung: Experimentell ist nachgewiesen, daß sich an Schwingungsstärke und Größe zunehmende Wesen erzeugen ließen, die bis zu einer Höhe von einem Meter anwuchsen.

Der Magus kann auch allein experimentieren, nur werden dann die erzeugten Wesen nicht so kräftig und lebensfähig. Unterläßt man die regelmäßige Einodung und beschäftigt sich auch gedanklich nicht mehr mit dem Wesen, so wird es immer schwächer und ist nach einigen Tagen nicht mehr durch Pendeln feststellbar, es hat sich wieder aufgelöst.

An die Bildung solcher Gedankenwesen lassen sich eine ganze Anzahl von Suggestionsexperimenten anschliessen, die der Magus nach eigenem Ermessen ausgestalten kann.

Bei stärkster Willensanspannung stellt sich der Magus vor das Wesen und gibt ihm gedanklich oder laut sprechend den Befehl seine Stellung zu verlassen und einen anderen Platz im Raum einzunehmen. Der Befehl ist drei mal zu wiederholen. Die dann vorgenommene Auspendelung des Symbols wird ergeben, daß sich über dem Pergament kein Pendelausschlag mehr zeigt, daß aber die dem Wesen charakteristische Schwingung an dem befohlenen Ort auftritt.

Nach einiger Zeit, wenn keine weitere Beeinflussung des Wesens erfolgt, kehrt es von selbst zu dem Pergament zurück. Sind diese Versuche erfolgreich, so können sie immer weiter ausgebaut werden, das heißt, die Entfernungen können größer bemessen und auch außerhalb des Raumes gelegen sein. Die Reperkussion mit dem Pergament wird von dem Wesen aber nie ganz aufgegeben, wie Kontrollversuche gezeigt haben.

Auch kann man während der Versuche dem Wesen befehlen, sich anwesenden Personen bemerkbar zu machen, was meist gefühlsmäßig sofort empfunden wird. Der Magus kann so das Wirkungsfeld und die Reichweite des Wesens immer weiter steigern, nur muß er sich die Ausführungen des gegebenen Befehls autosuggestiv in allen Einzelheiten so plastisch vorstellen, als wenn er die Tat selbst ausführen würde.

Hier eröffnen sich dem Magus ungeahnte Perspektiven. Bei derartigen Versuchen sind bereits ganz ungewöhnliche Resultate erzielt worden, die fast die Grenzen der Wahrnehmungsfähigkeit übersteigen. Medien, die zu Kontrollzwecken herangezogen waren, konnten in der hypnotischen Tiefschlaftrance die erzeugten Wesen sehen und genau beschreiben.

Welche Impulse der Magus seinem erzeugten Wesen gibt, oder welche Aufgabe er es ausführen läßt, ist seine persönliche Angelegenheit. Auf diese Weise kann man suggestiv harmonische und helfende Gedanken auf andere Personen übertragen, sie andererseits aber auch seelisch-geistig oder körperlich disharmonisch beeinflussen, zumal man durch Experimente festgestellt hat, daß es bei sensiblen Personen durchaus möglich ist, sie durch derartige Gedankenpsychogone im Schlaf zu beeinflussen, sie sogar aufzuwecken, ohne daß dem Betreffenden die primäre Ursache bewußt wird. Der Magus kann sich gewissermaßen ein derartiges Wesen als Werkzeug heranziehen und benutzen.

Hat der Magus ein solches Wesen längere Zeit bei sich im Zimmer, so wird er bald feststellen können, daß seine Umgebung dies unbewußt empfindet. Die Menschen werden dann nicht gern allein in seinem Zimmer bleiben wollen, es wird ihnen unheimlich vorkommen, ohne daß sie sagen können, warum dies so ist. Sensible Personen können sogar in Angstzustände und seelische Bedrückungen verfallen, wobei nicht einmal eine disharmonische Ausstrahlung des Wesens vorliegen muß.

Man hat Versuche gemacht, diese Wesen mit entsprechenden Suggestionen zu versehen und ihnen während der Abwesenheit des Magus eine Art Wächterfunktion zu geben, um bestimmte Handlungen von Personen im Zimmer zu verhindern. Auch in dieser Hinsicht sind bereits erstaunliche Resultate erzielt worden.

Derartige Gedankenpsychogone gibt es überraschend viele, auch wenn sie nicht bewußt experimentell hergestellt worden sind. Die Geheimlehre sagt: "Jedes konzentrierte Denken und jede bewußt gesteigerte Wunschkraft, die mit Vorstellungsbildern verbunden ist, vermag imaginäre Gedankenpsychogone im Raum zu gestalten von kürzer oder längerer Dauer, die dann von selbst wieder zerfallen."

Man nennt diese Wesen, die dem amtierenden Magus bei Beschwörungen am magischen Kreis sichtbar werden können und oft von groteskem Aussehen sind, Elementalwesen (nicht zu verwechseln mit den Elementargeistern). Diese Phantomwesen sind unbeseelt und können in der magischen Handlung vom Magus mit der Spitze seines magischen Schwertes durch seine geballte und gewollte Energieausstrahlung ohne weiteres zerstört werden, da sie nur Zerfallsprodukte von vampirartigem Charakter sind.

Magische Licht- und Beschwörungsritual

Das esoterische Lichtritual ist heilig und sehr wichtig. Die sakrale Lichtanzündung wird wie folgt ausgeführt:

Der Magus erhebt weitgeöffnet beide Arme, richtet den Blick nach oben und spricht andächtig:

Heiliger Geist, der du göttlich bist,
der du am Anfang der Welt warst,
der du noch heute in mir bist,
der du in allen Geschöpfen der Erde wohnst,
der du überall im Kosmos schwingst,
Ich rufe dich !
Gib mir Licht !
Im Namen derjenigen Kraft,
die der Erde das Licht brachte, rufe ich:
Es werde Licht !

Nun werden mittels Fidibussen die Kerzen angezündet. Vor dem Anzünden jeder Kerze sind die letzten drei Zeilen der vorstehenden Anrufung zu sprechen. Nach dem Aufleuchten hat man sich drei Mal vor dem Licht zu verneigen. Brennen alle Kerzen so spreche man laut:

Es wurde Licht !
Es ist erleuchtet !
Ich bin im Licht !
Um mich ist Finsternis !

Der Magus lösche nun die in den Kreis mitgebrachte brennende Hilfskerze, überprüfe die vorhandenen Utensilien und lege erforderlichenfalls genügend Räucherwerk nach.

Bei dieser Gelegenheit sei darauf hingewiesen, daß Kerzen nie ausgeblasen werden dürfen. Man drücke die Flamme mit den Fingern aus oder bediene sich hierzu eines Lichtauslöschers. Nach Möglichkeit soll ein Gong verwendet werden und zwar wie folgt: Vor jeder Anrufung und rituellen Handlung innerhalb der Gesamtbeschwörung ist der Gong so oft anzuschlagen, wie es der magischen Zahl des angerufenen Planeten entspricht. Nun beginnt die eigentliche Anrufung.

Wer die etwas ungewohnten Namen der Engel und Dämonen in der angegebenen Reihenfolge nicht aus dem Gedächtnis hersagen kann, schreibe dieselben übersichtlich und gut leserlich auf und nehme die Niederschrift, die dem heiligen Charakter der Gesamthandlung angepaßt werden soll, mit in den magischen Kreis. Am besten verwendet man hierzu Pergamentpapier. Derartige Aufzeichnungen, die der Schüler sich nach seinem Ermessen für den magischen Kult anlegen kann, müssen geheim gehalten werden, wie überhaupt alles, was hiermit zusammenhängt. Auch ist strengste Schweigepflicht geboten. Über Rituale oder Beschwörungen, die man auszuführen beabsichtigt, spreche man nie mit unwürdigen Personen.

Die Befolgung dieser Hinweise ist Voraussetzung für das gute Gelingen der Experimente. Der Magus sei sich stets eingedenk, daß ihn vom ersten Experiment an herangezogene astrale Wesen umgeben, die sich für jede Profanierung rächen. Man beherzige dieses unter allen Umständen, denn eine ganze Anzahl von Okkultisten ist schon durch den Vernichtungswillen jenseitiger, meist böser Wesenheiten, im Irrenhaus gelandet. Nur wer die Handlungen nach den gegebenen Anweisungen ausführt, vermeidet derartige Klippen.

Alle Anrufungen sind zunächst stehend auszuführen. Um Ermüdung zu vermeiden, kann der Schüler im Laufe des Experiments einen ihm zusagenden Sitz (Buddha- oder ägyptischer Sitz) einnehmen oder sich eines kleinen dreibeinigen Hockers bedienen.

Wird ein magischer Spiegel benutzt, so ist dieser im Kreis so zu plazieren, daß bequem hineingeschaut werden kann. Man vergesse aber nicht, ihn vorher gemäß den Anweisungen der Spiegelmagie zu behandeln. Steht ein größerer Wandspiegel zur Verfügung, so ist er ebenfalls in Blickrichtung des Schülers, und zwar wie ein Standspiegel, auf den Boden zu stellen.

Vor der eigentlichen Anrufung, vor dem Anzünden der Lichter, entspanne sich der Magus völlig durch regelmäßiges und konzentriertes Tiefatmen. Dann mache er mehrmals eine ihm zusagende Vokal-Atemübung, am besten die auf "I", "OM" oder "U". Während des Experiments können zur Willensfestigung zusätzlich geeignete Atemübungen eingeschaltet werden.

Nun nimmt der Schüler das magische Schwert oder den magischen Stab in die rechte Hand und beginnt mit der Anrufung. Nachdem er sie beendet hat, setzt er sich nieder und verharrt passiv und schweigend, erwartungsvoll in den Spiegel hineinschauend oder den Blick in die Ferne gerichtet.

Der Magus erschrecke nicht, wenn sonderbare Töne und Geräusche im Zimmer laut werden und ein Raunen und Flüstern um ihn herum anhebt, selbst wenn ein Rauschen und Dröhnen vernehmbar wird, die Fenster klirren oder gar das ganze Haus erzittert. Womöglich wird den Magus ein kühler Luftzug umwehen. All das rührt von überirdischen Kräften her. Sonderbar aussehenden Gestalten, die am Kreise sichtbar werden, braucht man keine Aufmerksamkeit zu schenken, dies sind Elementalwesen, ungefährliche Gedankenphantome. Manifestiert sich dagegen ein dämonenhaftes Wesen, dann verstärken sich die vorerwähnten Anzeichen und es wird im Raume eiskalt.

Zeigt sich kurze Zeit nach der Beschwörung keine Wirkung, so erhebe sich der Magus, spreche die Anrufung nochmals, und verhalte sich weiter abwartend. Die Anrufungen dürfen nicht öfter wiederholt werden, als die magische Zahl des betreffenden Planeten dies zuläßt.

Sollte auch dann keine Erscheinung sichtbar werden, so verharre der Magus trotzdem passiv und beschäftige sich in Gedanken intensiv mit denjenigen Dingen, um derentwillen er die Beschwörung ausgeführt hat, das heißt, die Wunschkraft muß sich bewußt auf das Ziel richten, denn es ist durchaus möglich, daß sich ein Wesen im Raum befindet, welches dem Magus infolge zu geringer Aufnahmefähigkeit nicht sichtbar wird, oder das sich aus irgendwelchen Gründen nicht manifestieren kann. Unter diesen Umständen kann sich das betreffende Wesen nur spirituell bemerkbar machen und dem Magus lediglich gedanklich zu Bewußtsein gelangen.

Man kann nicht unbedingt auf ein Mißlingen des Experimentes schließen, wenn überhaupt keine Erscheinung sichtbar geworden ist, denn häufig machen sich in den darauffolgenden Nächten die angerufenen Wesenheiten dem Magus bemerkbar und bringen ihm im Traumleben die Erfüllung seiner Wünsche, wobei hier das Traumleben ein richtiges Erleben auf dem astralen Plan bedeutet. Es ist deswegen angebracht, seine Träume stets sorgfältig zu beobachten. Die sogenannten Tiefschlafträume sind durchaus keine "Schäume", da der Astralkörper des Menschen während des Schlafes ungewollt in Kontakt mit dem Jenseits kommt. Träume können mehr oder weniger nur symbolhaft gedeutet werden, es sei denn, daß sie klare und eindeutige Anweisungen enthalten.

Tritt bei einer sachgemäß vorgenommenen Beschwörung eine sichtbare Manifestation ein, so versuche der Magus mit aller Energie, Herr seiner Sinne zu bleiben und nicht zu erschrecken. Sich beherrschend trete er der Erscheinung gegenüber und äußere gedanklich seine Freude und Genugtuung, daß der Dämon seinem Rufe gefolgt ist. Das Wesen gehorcht dem Schüler nur, wenn es dessen Willensenergien spürt. Wehe demjenigen, der in dieser Hinsicht versagt. Der Dämon würde versuchen, sich seiner in vampirartigem und geisteszerstörendem Sinne zu bemächtigen.

Erscheint die angerufene Wesenheit undeutlich, nebelhaft, ohne erkennbares Gesicht, oder als flächenhafte Ballung im Raum, so strecke der Magus der Erscheinung seine rechte Handfläche entgegen und spreche:

Du Wesen aus dem Jenseits,
Ich gebe dir die Kraft meines Körpers,
Ich gebe dir die Kraft meines Blutes,
Ich gebe dir die Kraft meines Geistes,
Um dir zu helfen dich sichtbar zu machen.
Erscheine ! Erscheine ! Erscheine !

Bei diesen Worten strahle der Magus bewußt durch sein rechtes Handchakra Od aus in Richtung der Erscheinung.

Die Wesenheiten manifestieren sich verschiedenartig; manchmal sieht der Magus nur Augen, die sich durchbohrend auf ihn richten; ein anderes Mal nur ein Gesicht und zuweilen eine ganze Gestalt. Je nach den astralen Bildern, die zu den angerufenen Planeten gehören, erscheinen die Wesenheiten häufig halb als Tier und halb als Mensch. Der Magus achte auch auf den Augenausdruck der Erscheinung, ob dieser böse, hart oder wohlwollend ist; meist wird er jedoch kalt und grausam sein.

Der Magus, der die Natur der astralen Wesen kennt, lasse sich durch nichts beirren, weder durch noch so furchtbares und Grauen erregendes Aussehen der Gestalten noch durch andere Dinge. Solange er sich innerhalb des magischen Kreises befindet, hat er absolute Macht über die von ihm gerufenen Wesen. Er sei sich stets bewußt, als Mensch ein göttliches Geschöpf zu sein mit göttlichen Kräften.

Auch die Farbtöne der Wesen müssen beachtet werden. Rot ist z.B. ein Zeichen für die Zugehörigkeit zum astralen Plan. Sind sichere Anzeichen für die Anwesenheit eines Wesens vorhanden, so erfrage man dessen Namen folgendermaßen und mit lauter Stimme:

Wesen aus dem Jenseits !
Ich frage dich nach deinem Namen !
Wer bist du !
Bist du der; den ich gerufen habe !
Ich befehle dir:
Im Namen des allmächtigen Gottes,
Im Namen von Adonai,
Sage mir deinen Namen !
Zeige mir dein Siegel !

Die Antwort ist nicht immer hörbar. Meist wird sie nur gedanklich wahrgenommen werden können. Denn die Wesen schwingen ja in einer Sphäre, in der Gedankenübertragung ohne weiteres möglich ist.

Sehr oft werden am Rande des Kreises auch allerlei sonderbare Gebilde sichtbar werden, meist von groteskem Aussehen. Man braucht sie jedoch nicht zu beachten. Es handelt sich um sogenannte Elementalwesen, die dunkelgrau aussehen und jeglicher Ausstrahlung ermangeln. Astralwesen dagegen erkennt man sofort an ihrer besonderen Vibrationsausstrahlung.

Die Wiederholungen der verschiedenen Anrufungen müssen mit den überlieferten magischen Grundzahlen der betreffenden Planeten korrespondieren, also:

Saturn = 3	Jupiter = 4	Mars = 5	Erde = 6
Venus = 7	Merkur = 8	Mond = 9	Sonne = 12

Uranus, Neptun und Pluto können nicht angerufen werden, da deren Sphären nicht mit dem Willen des Magus erreicht werden können.

Der Magus kann zu seinen Beschwörungen einen oder zwei mit dem magischen Brauchtum vertraute Gehilfen hinzuziehen, die ihn mit Handreichungen unterstützen. Es ist zweckmäßig, daß sie sich ebenfalls mit einem Seidenmantel schützen und auf der Stirn und dem Solarplexus das Pentagrammsymbol tragen, entweder aus Metall gefertigt oder auf Pergament gezeichnet. Der magische Kreis muß hierbei so groß gewählt werden, daß es bei der Handlung keiner Behinderung gibt.

Der erfahrene Magus kann sich zu den Beschwörungen auch eines weiblichen Mediums bedienen und, wenn es sich um die Anrufung von Dämonen handelt, am vorteilhaftesten an den Tagen der Menses. Während der Zeremonie hat das Medium innerhalb des magischen Kreises zu bleiben, und zwar in unbekleidetem Zustand. Vorherige Salbungen mit den vorgeschriebenen Ölen sind angebracht. Vor Beginn der Handlung ist das Medium so tief in einen magischen Schlaf zu versetzen oder in einen hypnotischen Zustand zu versenken, daß ein vorzeitiges Erwachen unmöglich ist. In beiden Fällen ist dem Medium zu befehlen, aufnahmebereit zu sein, mit Körper, Seele und Geist.

Der Magus bedenke, daß die angerufenen Wesen zu ihrer Sichtbarwerdung und Manifestation sich im Rahmen ihrer Möglichkeiten der fluidalen Kräfte des Mediums bedienen, welches deshalb in keinerlei Hinsicht geschützt werden darf.

Je sensibler das Medium ist, um so größer ist seine Wahrnehmungsfähigkeit. Während der Pausen zwischen den einzelnen Anrufungen kann man erfragen, was das Medium sieht, hört oder empfindet und ihm befehlen, das Wahrgenommene im Gedächtnis zu behalten.

Mit einem Medium sollte jedoch nur derjenige arbeiten, der mit den hypnotischen und magischen Praktiken völlig vertraut ist und bereits eine längere Erfahrung als Magnetiseur besitzt, da während der Beschwörung beim Medium Komplikationen einsetzen können wie z.B. Krämpfe, Angstzustände und eventuell auch kataleptische Anfälle, die in diesem Zusammenhang allerdings ungefährlich sind.

Unter allen Umständen hat der Magier jedoch zu verhindern, daß das Medium in diesem Zustand den magischen Kreis verläßt, da sonst bei ihm Schreikrämpfe und Besessenheitssymptome auftreten können, die zu körperlichen, seelischen oder geistigen Schädigungen führen können. Nach Beendigung der Beschwörung ist das Medium zu magnetisieren und zu kräftigen.

Das Praktizieren mit weiblichen Personen ermöglicht einen leichteren Kontakt mit den angerufenen Wesen, da die Wahrnehmungsfähigkeit eines Mediums im Trancezustand sehr groß ist. Es wird angeraten, zu derartigen Handlungen noch einen erfahrenen Gehilfen hinzuzuziehen zur Überwachung des Mediums, da das Medium den magischen Influxus der Beschwörung ungünstig beeinflussen könnte, wenn es nicht völlig in der Hand des Magus verbleibt. Der Schlafzustand des Mediums kann auch durch den Gehilfen herbeigeführt werden. Rein mentale Beschwörungen sollen jedoch am besten allein ausgeführt werden.

Jedes Wesen reagiert auf ein Symbol und ist ursächlich an ein Sigill gebunden. Für den Magus ist es deshalb wichtig, von dem Wesen, das sich zu manifestieren wünscht, den Namen, das Sigill oder das Zeichen zu erfahren. Außerdem müssen die zu seiner Beschwörung günstigen Stunden und Tage festgehalten werden. Diese Kenntnis erleichtert spätere Sonderbeschwörungen und festere Bindungen. Zu diesem Zweck hat der Magus, sobald er Kontakt mit einem Wesen bekommen hat, völlige Unterwerfung zu fordern, etwa folgendermaßen:

Ich befehle dir,
jederzeit zu meiner Verfügung zu stehen,
und dich sofort zu manifestieren,
wenn ich dich rufe !

Nenne mir Namen und Zeichen,
unter denen du gebunden bist !

Gib mir die Zeiten und Stunden an,
zu denen du erreichbar bist !

Wird dieser Aufforderung nicht Folge geleistet, so kann man den Widerstand erfahrungsgemäß am besten dadurch brechen bzw. überwinden, daß die Spitze des magischen Schwertes drohend auf das Wesen gerichtet wird. Dem über das Metall geleiteten Willens- und Energieausstrahlung des Magus vermag kein Wesen zu widerstehen. Es scheint so, als empfände es dadurch Schmerz. Zur völligen Hörigkeit kann man später noch die hochpotenzierte Ausstrahlung der echten magischen Glyphenkonstruktionen benutzen.

Bevor der Neophyt jedoch zu Beschwörungen übergehen darf, muß er mit den magischen Unterweisungen vollkommen vertraut sein, und dazu bedarf es meist wochenlanger Vorbereitungen; denn es handelt sich hierbei um ein ihm noch unbekanntes Gebiet. In diesem Zusammenhang sei besonders darauf aufmerksam gemacht: Zur magischen Praxis genügt nicht nur Wissen, sie erfordert auch einen hohen Grad von Einfühlung, und vor allem Tatkraft und innere Glaubensbereitschaft !

Magie beruht, wie auch die Astrologie, auf überliefertem und erprobtem Erfahrungswissen. Beschwörungen gelingen nur, wenn systematisch und sinngemäß vorgegangen wird. Selbstverständlich kann innerhalb des gegebenen Rahmens individuell verfahren werden, da die gegebenen Hinweise nur als Richtlinien zu werten sind.

Die Beschwörungen gelingen um so leichter, je vertrauter der Ausführende in früheren Inkarnationen mit dem Geheimwissen gewesen ist; denn die astralen Wesen respektieren jeden energischen Willen, der auf Sicherheit und Erfahrung basiert. Am besten ist natürlich, wenn der Neophyt durch einen erfahrenen Lehrer oder Meister in die Praxis eingeführt wird. Die Beschwörung hat dann einen sakralen Charakter.

Beispiel einer Mondbeschwörung:

Hiermit beschwöre ich im Namen von Adonai
Kraft meines magischen und göttlichen Willens
die Wesenheiten der Mondsphäre
sich zu manifestieren !

Diese Formel muß dreimal laut und energisch ausgesprochen werden (damit beginnt jede planetarische Beschwörung). Den Namen Adonai spreche man in der Vokal-Atemtechnik, oder noch besser; halb singend, jeden Buchstaben für sich, das "IH" lang nachhallen lassen. Nun folgt die Engel-Anrufung (neun Mal):

Im Namen des großen Engels Gabriel,
Im Namen von Michael,
Im Namen von Samael,
rufe ich die Engel des ersten Himmels:

Gabriel, Gabrael, Madiel, Deamiel, Janael (Osten)
Sachiel, Zaniel, Kabaiel, Bachanael, Corabiel (Westen)
Mael, Vuael, Valnum, Baliel, Balay, Humustrau (Norden)
Curanuel, Dabriel, Darquiel, Hanun, Aanayl, Vetuel (Süden)

Jede Engelreihe ist neunmal anzurufen. Beim Aussprechen jeden Namens hat sich der Magus mit über der Brust gekreuzten Armen zu verneigen und zwar in der vorgeschriebenen Himmelsrichtung. Jeder Name ist vokalatemtechnisch auszusprechen, also: Hell singend, die Vokale lang ausgedehnt. Nach einer kleinen Pause:

Im Namen von Adonai beschwöre ich (3 mal)
Hod (9 mal)
Elim (9 mal; kleine Pause)

Im Namen von Isis, der großen Mutter (alles neun mal)
Im Namen von Horus, des Sohnes
Im Namen von Hod
Im Namen von Elim
Im Namen der großen Wesenheit Phul
rufe ich dich:

Hamodai Scheddabraschemoth
Erscheine !
Werde sichtbar !
Erscheine !
(Befehlsform, energisch)

Diese Gesamtanrufung muß neun mal wiederholt werden. Beim dritten Mal erfolgt bei jeder Nennung eines Namens die Verbrennung des hierfür in Frage kommenden Sigills. Also als erstes das Sigill des Mondes, als zweites das Sigill des Engels Gabriel, dann die Sigille von Hod und Elim, und anschließend die der Dämonen Hasmodai und Scheddabraschemoth.

Am Schluß der neunfachen Anrufung wird das gesamte Mondpentakel in das Räucherfeuer geworfen. Um die Verbrennung eventuell zu beschleunigen, tränke man die Pergamentstreifen, auf denen die Namen geschrieben sind, vorher in Spiritus.

Zwischen den einzelnen Gesamtanrufungen kann bis zu drei Minuten pausiert werden. Die ganze Handlung ist langsam, getragen und ernst auszuführen. Man amtiere dabei so würdevoll wie ein Priester. Im Anschluß an die neunte Anrufung soll der Magus in ruhiger, abwartender Haltung bis zu zehn Minuten im Kreis verbleiben.

Es folgt dann die sogenannte Entlassungs- bzw. Abdankungsformel. Der Magus hat sie auf jeden Fall zu sprechen, auch wenn er keine Wesenheit wahrgenommen hat, da sich dennoch unsichtbare Wesen im Raum aufhalten können. Die Entlassungsformel lautet:

Im Namen von Adonai
Kraft meines magischen-göttlichen Willens
danke ich den Wesenheiten der Mondsphäre
und befehle ihnen hiermit sich zu entfernen !

Diese Formel ist neunmal nach allen Himmelsrichtungen in energischem Ton zu sprechen. Dabei hat der Magus mit ausgestrecktem Arm mit der Spitze des magischen Schwertes in die angesprochene Himmelsrichtung zu zeigen.

Im Anschluß daran kreuze der Magus beide Arme über der Brust und singe, aufrecht stehend, drei Mal die Mantram-Formel:

Aum mani padme hum !

Der Magus meditiere noch eine Weile und beginne dann, die Lichter auszulöschen. Vor jeder Kerze muß er sich, bevor er sie auslöscht, dreimal ehrfurchtsvoll verneigen, ohne dabei etwas zu sprechen. Am letzten Licht wird die Hilfskerze angezündet.

Bevor der Magus mit Hilfe eines Schwammes, der in einer mit Essig oder Weingeist gefüllten Schale bereit stehen muß, alle Zeichen und Sigille im Kreis auswischt, verneige er sich mit über der Brust gekreuzten Armen dankbar und ehrfurchtsvoll nach den vier Himmelsrichtungen. Anschließend wischt er auch das Pentagramm aus und verläßt an dieser Stelle den Kreis, er darf jedoch niemals den Kreis rückwärts verlassen.

Der Magus räuchere nun mit starkem Weihrauch das Zimmer und besonders auch die Ecken aus. Dem öffnen der Fenster steht jetzt nichts mehr im Wege.

Es ist ratsam, diese Beschwörung an einem Montag nach einer Vollmondphase zu wiederholen. Nach Möglichkeit soll man sich den Zeitpunkt, an dem die Wesenheit wahrgenommen wurde, genau im Gedächtnis behalten. Diese Kenntnis ist wichtig für spätere Sonderbeschwörungen. Die günstigsten Zeiten liegen zwischen 23 und 1 Uhr nachts.

Die Zeremonien dürfen nicht bis Tagesanbruch ausgedehnt werden. Nach ihrem Ende muß sich der Magus möglichst bald zur Ruhe begeben. Es ist empfehlenswert, vorher ein Bad zu nehmen. Eventuell aufkommende Schwächezustände können durch die bekannten Atem- und Selbsteinodungsübung behoben werden.

Alle Begebenheiten und Erscheinungen der nächsten Tage sind aufmerksam zu beobachten; auch die Träume und Wahrnehmungen der folgenden Nächte; denn erst beim nächsten Monatswechsel verliert sich die astrale Kraft der Beschwörung.

Personen gegenüber, mit denen man in der nächsten Zeit neu zusammenkommt, ist eine gewisse Vorsicht zu wahren, da viele Menschen von Dämonen als Werkzeug benutzt werden, ohne sich dessen bewußt zu sein.

Ist die Beschwörung ohne Resultat verlaufen, verliere man nicht den Mut. Es ist noch kein Meister vom Himmel gefallen. Vielleicht hat man versehentlich etwas unterlassen oder falsch gemacht. Auch Magie muß erlernt werden; sie ist bis zu einem gewissen Grad sogar Übungssache. Natürlich sind manche Menschen von Geburt an für diese Dinge prädestiniert auf Grund ihrer früheren Inkarnationen, in denen sie dieses Wissen erworben haben.

Bevor die Beschwörung zu einem geeigneten Zeitpunkt wiederholt wird, empfiehlt es sich, die Ausführungen theoretisch anhand eigener Notizen durchzuführen und dabei auch die kleinsten Nebensächlichkeiten zu berücksichtigen.

Bei dieser Gelegenheit sei noch bemerkt, daß es in der Magie kein Gut oder Böse gibt. Es dominiert nur eines; der im Menschen ruhende, absolute göttliche Wille.

Dem Schüler ist später freigestellt, bei seinen Beschwörungen der planetarischen Wesen eigene Wege zu gehen. In der magischen Literatur sind ja die Beschwörungsunterlagen für die wichtigsten Planeten bekanntgegeben. In ihnen kann man die Sigel und Namen der Planetendämonen, sowie auch die der theonischen Schwingungen, der Engel und guten Geister entnehmen (siehe hierzu die Bücher: Franz Bardon: Die Praxis der magischen Evokation; Agrippa von Nettesheim: Die Magischen Werke usw.) Der Schüler kann sich unter Benutzung der betreffenden Vorlagen selbst Pentakel zusammenstellen, die entweder ausschließlich dämonischen oder mentalen Charakter tragen.

Nach und nach muß sich der Magus mit den für die Praxis erforderlichen Utensilien versehen. Alles auf einmal anzuschaffen ist nicht nötig, da das ganze Wissen auch nicht von heute auf morgen erlernt werden kann.

Nachdem man gelernt hat, sich selbst mit einem magischen Influxus auszufüllen, gehe man dazu über, auch seine nähere Umgebung mit diesem Influxus zu durchdringen. Alle Gegenstände im Zimmer müssen eingeodet und die Schränke mit Abwehrsymbolen versehen werden, die verwendeten Behälter sind gegebenenfalls zu versiegeln.

Der Magus soll sich gewissermaßen sein eigenes Reich schaffen; und wenn es die Lebensumstände zulassen, ein magisches Zimmer einrichten, das niemand außer ihm betreten darf. Dies kann allerdings bei einem unverständigen Lebenspartner zu Komplikationen führen. Auf jeden Fall aber darf das Möbel in dem die magischen Utensilien aufbewahrt werden, nur von ihm selbst benutzt werden.

Ein magisches Zimmer soll keine Fenster haben und möglichst im Keller gelegen sein, auch ein Raum im Giebel des Hauses ist dazu geeignet. Wem diese Möglichkeiten nicht zur Verfügung stehen suche sich zum Praktizieren einen ungestörten Platz in der Natur z.B. eine Waldlichtung, eine Felsschlucht oder eine abgelegene Ruine, eine einsame Wegkreuzung, einen Berggipfel oder ähnliches.

Die vorstehenden Hinweise sind nur als Richtlinien zu werten; inwieweit sie realisiert werden können, hängt von den zur Verfügung stehenden Möglichkeiten ab.

An dieser Stelle sei nochmals betont, daß man über alle diese Dinge anderen Personen gegenüber Stillschweigen zu bewahren hat bzw. den Schleier des Geheimnisses darüber breiten muß. Desweiteren soll man in seiner persönlichen Umgebung möglichst im harmonischen Sinne tonangebend sein. Ist der Magus aus irgendwelchen Gründen nicht in der Lage, seiner Umgebung gewissermaßen seinen persönlichen Stempel aufzudrücken, so isoliere er sich vorerst mehr oder weniger, um eine unnütze Kraftabgabe zu vermeiden und sich nicht unterordnen zu müssen.

Abgesehen von Beschwörungen zu experimentellen Zwecken kam man die Zweckmäßigkeit dieser Praktiken in Frage stellen, zumal direkte materielle Vorteile nicht zu erwarten sind.

Hier muß man das Augenmerk auf das Wort "direkt" legen. Indirekte Hilfe durch die angerufenen Dämonen, die sich unter Umständen auch materiell auswerten lassen, sind durchaus möglich. Es ist so, daß sich diese Wesen zwangsmäßig oder auch freiwillig mit ihrer rein geistig-astralen Kraft zur Verfügung stellen. Auf diese Weise bekommt der Magus übersinnliche Gedankenkräfte und Eingebungen, über die er sonst nicht verfügen würde. Seine Energie-, Begriffs- und Machtsphäre erweitert sich, zumal wenn es ihm gelingt, auch die Verbindung mit der mentalen Sphäre zu erlangen.

Seine Intuition holt sich also Erkenntnisse aus der astralen oder mentalen Sphäre, die er dann oft genug nutzbringend auswerten kann, um sein Leben harmonischer, freier und unbehinderter gestalten zu können.

Gedanken sind Kräfte! Diese fundamentale Wahrheit gilt nicht nur für das materielle Leben, sondern erst recht für die anderen Sphären. Der Magus kann sicher sein, daß die herangezogenen Wesen, Intelligenzen, Dämonen oder Spirits nicht nur seine ausgesandten Willensimpulse, sondern auch seine Wunschgedanken und Begierden mit ihren feinstofflichen Körpern wahrnehmen und verstehen. Die Antworten sind ja in den seltensten Fällen durch Worte oder Laute vernehmbar, sondern erfolgen meist durch Gedankenübertragung.

Das ganze Konglomerat der Beschwörungen ist gewissermaßen eine gewollte und abgestimmte Zusammenballung von Kraftzentren mit dem Ziel, durch diese Zentralisation die nötige Stärke zu erlangen, um dadurch den magischen Einfluß auf die Wesen der anderen Sphären geltend zu machen.

Symbole, Zeichen, Worte, Töne, Farben, Duftstoffe, Edelsteine usw. richtig miteinander kombiniert, und durch den Willen des Beschwörenden in Schwingung versetzt, ergeben eine Hochpolung, die eine gesteigerte Aufnahmefähigkeit der Sinne und des Geistes beim Magus zur Folge haben. Erst dadurch wird gewissermaßen durch Gedankenwellen ein Kontakt mit dem betreffenden Wesen hergestellt, die jede Fragestellung und logische Beantwortung zuläßt. Voraussetzung ist, daß die gestellte Frage zweckmäßig, und das angerufene Wesen seiner Intelligenz und Machtsphäre nach imstande ist, sie auch beantworten zu können.

In dieser Hinsicht ist in den alten Überlieferungen, nach denen allen Wesen bestimmte Eigenschaften, Machtbereiche, Neigungen usw. zugeschrieben werden, viel Wahres enthalten. Nähere Einzelheiten kann man in der einschlägigen Literatur und besonders in den Werken Agrippa's von Nettesheim nachlesen.

Nachstehend erfolgt eine Aufzählung der wichtigsten magischen Utensilien für eine magische Beschwörung:

1. Echte Bienenwachskerzen.
2. Lichtauslöscher.
3. Gong aus Messing, Kupfer oder Silber
   - Am besten ein echter aus China oder Japan, oder ein wertvolles antikes Stück. Gonggestell aus Ebenholz.
4. Magischer Hammer aus Ebenholz oder Buchsbaum.
5. Fidibusse aus Pergament.
6. Dreibeiniger Hocker aus Ebenholz oder Buchsbaum.
7. Magischer Spiegel mit Quecksilberbelag (Quecksilber dient zur Isolierung der Strahlen).

Anrufung von Wesenheiten des Planeten Venus

Anrufungen von Wesenheiten des Planeten Venus sind wohl diejenigen Beschwörungen, die am häufigsten von Okkultisten vorgenommen werden, da sich die meisten, an okkulten Gebieten interessierten Menschen, mit Liebesmagie beschäftigen. Das Ziel ist meist, das Liebesempfinden zu steigern und Gegenliebe zu erwecken.

Eigenschaften der Venus in der Astrologie:
Negativ, passiv, magnetisch, weiblich, sensibel, materiell, phlegmatisch, fruchtbar, warm und feucht.

Prinzipien der Venus in der Astrologie:
Liebe, Zuneigung, Harmonie, Reinheit, Schönheit, Zusammengehörigkeit, Rhythmus, Kunst, Tanz, Musik, Geselligkeit, jüngere Weiblichkeit.

Charaktere der Venus in der Astrologie:
Niedere Typen: Träge, faul, unordentlich, genußsüchtig, unüberlegt, ungeschickt, sehr sinnlich, ausschweifend, wollüstig, unmoralisch, untreu, eitel.

Höhere Typen: Freundlich, heiter, fröhlich, anmutig, rein, liebenswürdig, hilfsbereit, gesellig, harmonisch, keusch, mitfühlend, künstlerisch, anschmiegsam, treu, zuverlässig, hingebungsvoll, selbstlos, gerecht, schelmisch, zärtlich, optimistisch, luxusliebend.

Ist Venus schlecht aspektiert ergeben sich Berufe wie: Zuhälter, Prostituierte, Heiratsschwindler usw. Bei guten Aspekten zu anderen Planeten: Künstler, Musiker, Maler, Komponisten, Schauspieler, Sänger, Tänzer. Dichter.

Da die Venus als Glücksplanet gilt und als erlöster Planet bezeichnet wird, ist das Theonium der Venus stark in der Schwingung. Dies ist für Anrufungen im weißmagischen Sinn sehr wichtig. Leider gelingt aber auch die Anrufung des Dämoniums am leichtesten von fast allen planetarischen Wesen, da der Mensch im allgemeinen sehr stark auf der erotischen und sexuellen Sphäre schwingt.

Aspekte für Venus-Magie sind dann günstig, wenn das Dämonium angerufen werden soll. Bei Beschwörungen, die exoterische Dinge betreffen, müssen sich Merkur und Sonne im guten Aspekt zur Venus befinden. Bei weißmagischen Beschwörungen darf die Venus nicht verletzt sein und soll im übrigen im Trigon zu den anderen Glücksplaneten Sonne, Jupiter und Merkur stehen.

Als Räucherungen sind empfehlenswert:

Pflanzen: Veilchen, Herbstzeitlose, Mohn, Baldrian, Männertreu, Maßliebchen, Thymian, Ambra, Moschus, Sandelholz, Waldmeister, Kamille, Koreander, Myrte, Granatapfel, Feigen, Birnen, Sadebaum, Schafgarbe, Huflattich, Erdbeere, Tausendgüldenkraut, Efeu, Fingerhut und Alpenrose.

Bäume: Kastanie, Flieder, Holunder, Birke, Kirsche, Erle.

Räucherwerk: Waldmeister, Myrte, Kamille.

Parfüm: Baldrian, Flieder, Nelke.

Der Venus zugeordnete Metalle sind: Kupfer und Bronze.

Steine: Blauer Saphir, Chrysolith, Lapis Lazuli, Beryll, Smaragd, Koralle, grüner Jaspis, Alabaster.

Farben: Hellblau, rosa, hellgrün.

Element: Luftelement.

Tattwa: Vayu

Wochentag: Freitag.

Günstigste Zeiten: Donnerstag Abend nach Sonnenuntergang bis Freitag Abend nach Sonnenuntergang.

Töne: F und A.

Zahlen: 7, 49, 175, 1225.

Die Entsprechungen der Venuskräfte auf den Menschen, auf sein Schaffen und seinen Geist sind sehr groß. Es gibt 7 Töne, 7 Akkorde, 7 Farben des Lichts, 7 Schöpfungs-Tage. Der geistige Mensch besteht aus 7 Prinzipien, entwickelt sich auf 7 Daseinsebenen, besteht aus 7 elektro-magnetischen Kraftfeldern, kann 7 planetarische Schwingungen in sich erzeugen und im harmonischen Menschen schwingen 7 Chakra gleichzeitig.

Die Intelligenzen der Venus sind:

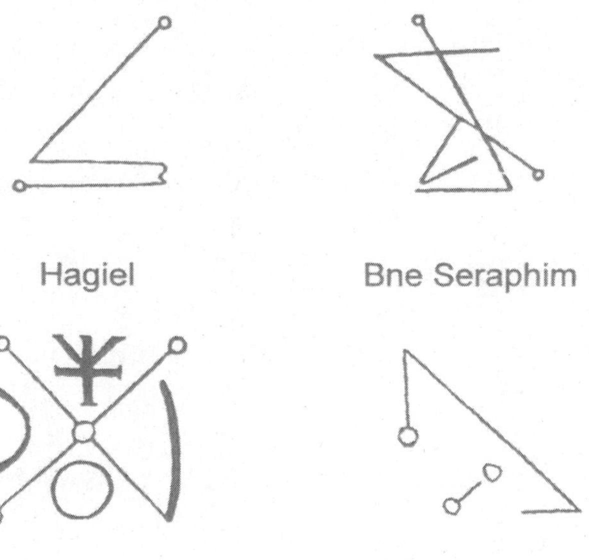

Hagiel

Bne Seraphim

Oberster Engel:
Anael

Oberster Dämon:
Kedemel

Manifestationen der Venus verbergen sich in den Namen: Lilith, Eva, Ischtar und Nephtis.

Die Engel des Freitags sind: Anael, Rachiel, Sachiel.

Die Engel des dritten Himmels, die am Freitag regieren: Turiel, Coniel, Maltiel, Babiel, Kadie und Hufaltiel.

Die Luftgeister des Freitags sind: Sarabotes, Amabiel, Aba, Abalidoth und Flaef.

Bei der Anfertigung der Pentakel sind die Siegel der Wesen in roter Farbe zu zeichnen.

Beschwörungsworte am Freitag:

Ich beschwöre Euch,
Heilige und mächtige Engel des Freitags
Im Namen von: An, Hey, Heya, Ja, Je, Adonai, Sadai.
Im Namen der Venus und ihrer Dämonien;
Im Namen des großen Engels ANAEL erscheinet !

Die Stundenengel des Freitags in der Tageshälfte sind:

1. Anael	2. Raphael	3. Gabriel	4. Cassiel
5. Sachiel	6. Samael	7. Michael	8. Anael
9. Raphael	10. Gabriel	11. Cassiel	12. Sachiel

Die Stundenengel des Freitags in der Nachthälfte sind:

1. Samael	2. Michael	3. Anael	4. Raphael
5. Gabriel	6. Cassiel	7. Sachiel	8. Samael
9. Michael	10. Anael	11. Raphael	12. Gabriel

Die astralen Bilder der Venus und ihre Erscheinungsformen können auftreten als: Ein König mit einem Szepter, der auf einem Kamel reitet. Ein kostbar geschmücktes Mädchen. Eine nackte schöne Frau. Eine Ziege, ein Kamel, eine Taube.

Wesenheiten der Venus können beim Auffinden von Schätzen und Kostbarkeiten helfen. Sie unterstützen Lustbarkeiten, Schwelgereien und Üppigkeiten, stiften Ehen, verführen zu Liebschaften und können Krankheiten heilen. Sie verursachen aber auch Geschlechts- und Blutkrankheiten.

Magische Einweihung

Gregor A. Gregorius

Das Gesamtgebiet der Magie umfasst viele tausend Bücher aus verschiedenen Jahrhunderten. Wie soll man sich nun diesem unüberschaubaren Gebiet nähern, ohne den Überblick zu verlieren? Der Autor, einer der letzten Wissenden, hat ein zeitloses Werk über die Magie und die magische Einweihung geschaffen.

Neuauflage 2018, 96 Seiten, Kartoniert

ISBN: 978-3-932928-37-6 **13,- €**

Die Praxis der Spiegelmagie

Holger Dreyer

Der Autor hat die Geheimnisse der Spiegelmagie erforscht und unglaubliche Ergebnisse erzielt. Dreyer beschreibt den Kontakt mit Astralwesen, Geistern und Dämonen, die nicht nur im Spiegel erschienen, sondern auch außerhalb des Spiegels manifest wurden.

2001. 88 Seiten mit Abbildungen, Kartoniert

ISBN: 978-3-932928-16-1 **13,90 €**

Die magische Erweckung der Chakra

Gregor A. Gregorius

Über die Aktivierung der magischen Kraftzentren (Chakra) im menschlichen Körper.

Gregorius war von 1950 bis 1964 Großmeister der legendären Geheimloge Fraternitas Saturni.

2005. 46 Seiten mit Abbildungen, Kartoniert

ISBN: 978-3-932928-30-7 **8,- €**

Geheime magische Praktiken

Rah-Omir Quintscher

Die sorgsam gehüteten und praktizierten Geheimnisse magischer Logen. Als der Verleger auf das Manuskript einer alten magischen Schrift, angeblich aus dem Besitz einer geheimnisumwitterten FOGC-Loge, stieß, war er über die Qualität und klaren Aussagen der beschriebenen Praktiken sehr überrascht.

2007. 80 Seiten, Kartoniert
ISBN: 978-3-932928-35-2 **13,- €**

Lehrbuch des magischen Denkens

Karl Weinfurter

Weinfurter legt in seinen Büchern die praktischen Kernpunkte des mystischen Weges offen. Kernsatz seiner Lehre ist: dass nur wer praktisch übt, erleben und somit wirklich verstehen kann, was andere, echte Mystiker darzustellen versuchten.

2004. 110 Seiten, Kartoniert
ISBN: 978-3-932928-27-7 **13,90 €**

Rückkehr nach Aziluth

Waltharius

Mystische Gedichte zur Meditation und Kontemplation von Waltharius, dem letzten echten Rosenkreuzer und Lehrer der Buchstabenübungen. Neusatz der sehr seltenen Originalausgabe.

2007. 59 Seiten, Kartoniert
ISBN: 978-3-932928-33-8 **12,- €**

Die geheimen Übungen der türkischen Freimaurer

Rudolf Freiherr von Sebottendorf

Der Klassiker von von Rudolf Freiherr von Sebottendorf. Eine Darstellung der geheimen und hochwirksamen Lehren, Übungen und Rituale der orientalischen Freimaurer. Diese Übungen stellen ein berüchtigtes, altüberliefertes und zugleich höchst effizientes System der magischen Laut- und Grifftechnik dar. Lange Zeit war dieses bedeutende Werk vergriffen.

80 Seiten, Kartoniert.

ISBN: 978-3-932928-12-3 **12,90 €**

Der Heilmagnetismus

Karl Brandler-Pracht

Der Autor Karl Brandler-Pracht gibt hier seinen Erfahrungsschatz über die Anwendung des Heilmagnetismus, sowie dessen Verbindung mit okkulten Kräften preis.

2007. 94 Seiten mit Abbildungen, Kartoniert

ISBN: 978-3-932928-41-3 **13,- €**

Exorial

Gregor A. Gregorius

Neuauflage des legendären Kultbuches. Dem Leser öffnen sich tiefe Geheimnisse magischer Disziplinen. Ungeheuerliche Praktiken und verborgenes Logenwissen machen Exorial zu einer unerlässlichen Bereicherung für jeden, der an einem ernsthaften Studium der magischen Künste interessiert ist.

2006. 244 Seiten mit Abbildungen, Kartoniert

ISBN: 978-3-932928-31-4 **24,95 €**

Geheimnisse der Sexualmagie

Gregor A. Gregorius

Die stärksten Kräfte des Menschen in der Magie. Gregorius, Inhaber und Lehrer des Gradus Pentalphae, des geheimen 18. sexualmagischen Grades der Fraternitas Saturni, zeigt hier die Geheimnisse der Sexualmagie.

2007. 96 Seiten mit Abbildungen, Kartoniert

ISBN: 978-3-932928-36-9 **13,- €**

Logenschulvorträge

Gregor A. Gregorius

Die Logenschulvorträge wurden von Gregor A. Gregorius und anderen in Berlin im Vorhof der"Fraternitas Saturni"gehalten und erfreuten sich großer Beliebtheit. Endlich wird dieses Kleinod der magischen Literatur wieder zugänglich gemacht.

2006. 168 Seiten mit Abbildungen, Kartoniert

ISBN: 978-3-932928-32-1 **19,95 €**

Runenmagie

Karl Spiesberger

Das Standardwerk der Runenmagie von Karl Spiesberger.

Aus dem Inhalt: Runenkunde, Runenpraxis, Runenmagie, Runenmystik, Runenmantik

160 Seiten, Kartoniert

ISBN: 978-3-932928-43-7 **18,- €**

Sympathiemagie und Zaubermedizin

Atkinson-Scarter

Magische Heilverfahren, Sympathiemagie und das magische Besprechen werden in diesem Buch ausführlich behandelt. Da die Heilmethode aus dem Mittelalter datiert, und heute nach schulwissenschaftlichem Standart fragwürdig ist, ist bei möglicher Anwendung Vorsicht geboten.

2009. 134 Seiten, Kartoniert
ISBN: 978-3-932928-47-5 **16,90 €**

Die Pflanze im Zauberglauben

G.W. Gessmann

Lange Zeit war dieser vielgerühmte Klassiker über die magische Zauberbotanik vergriffen und antiquarisch sehr gesucht. Wir freuen uns, Ihnen dieses außergewöhliche Werk wieder zugänglich machen zu können.

Neuauflage 2018. 252 Seiten mit Abbildung, Kartoniert
ISBN: 978-3-932928-21-5 **18,- €**

Die Macht der Spiegel

Para Maya

Das Spiegel geheimnisvolle Kräfte besitzen ist von alters her bekannt. Magische Spiegel dienten zur Konzentration und Meditation, zum Hellsehen, zur Heilbehandlung sowie zur Beeinflussung anderer Personen. Dieses Buch zeigt die unergründlichen Kräfte der Spiegel und die Praxis der Spiegelmagie.

2010. 60 Seiten mit Abbildungen, Kartoniert
ISBN: 978-3-932928-42-0 **9,90 €**